U0014201

喝個爛醉

因為我們是人類

A Short History Of Drunkenness

Mark Forsyth

how, why, where and when humankind has got merry from the stone age to the present

馬克・福賽斯——著　呂奕欣——譯

推薦序

在微醺的氣氛下讀歷史

盧省言

什麼樣的人會在看到書名有「喝個爛醉」四個字時，毫不猶豫地接下寫推薦序呢？這個人大概是個酒鬼吧。

但我真的不是酒鬼，至少，我的人生還沒爛醉過。在閱讀此書時，也是全程清醒；而在此，也能跟讀者們保證，這本書的作者絕非在爛醉時寫出的胡言亂語，而是一本幽默且立論清晰的歷史著作。

作者從史前時代的飲酒談起，到希臘羅馬，再一路談到二十世紀的美國。除了時間的縱軸敘述之外，作者也漫談不同文明的飲酒傳統及故事，於是我們看到了古中國、蘇美人、維京人，甚至阿茲提克人的飲酒習慣。身為一位從小學習中國史的人（雖然非常汗顏地，中國史都被我忘得一乾二淨了），我想不起有任何歷史著作對酒下了如此大的心力。因此在看到作者提出「和古希臘羅馬人不同，古代中國人喝酒不分麥酒（ale）及葡萄酒（wine）」時，有種一語驚醒夢中人之感。的確，在我有限的知識裡，並不記得有明確的文獻記載中國人區分麥酒及葡萄酒。或者是，除了在祭祀時的重要性，跟身為害死詩仙李白的元凶之外，酒在中國的歷史裡，遠不及西方來得重要。

以英國來說，一直到近現代人們都不太喝水，只喝酒。因為水利系統不發達，水大多不乾淨且有毒，因此多數家庭將摻了酒精的麥酒作為維持人體必需水分的來源。酒吧在英國的重要性更是一路從中世紀延續至今，倫敦的酒吧密集度大概比臺灣便利商店的密度還要高。在臺灣是「轉角遇到便利商店」，英國則是「轉角遇到酒吧」。這樣的高密度代表著酒及其文化間緊密的連結。酒已經變成人民生活的一部分。而要了解今日英國的喝酒文化，就不能不深入閱讀其歷史。

作者在本書不只提及酒的歷史，甚至從酒去討論兩性權力結構。例如，在英格蘭

十四、十五世紀時，歷經了從麥酒到啤酒的重大轉變。而這轉變跟男女在社會的分工也有很大關係。在英國引進啤酒花之前，多數家庭製作麥酒的責任是在妻子身上。這種麥酒呈黏糊糊的粥狀，和我們今日對酒清澈的印象不同，而且不能久放，兩、三天便會過期。自從啤酒花引進後，啤酒開始盛行於不列顛島。能久放的啤酒自然能大量製造，而這和量產及商業高度相關的產業改落在了男人身上。自此，釀造酒的工作從女人身上轉移到男人身上。

酒從來都不只是「酒」，因為酒涵蓋了許多文化、權力及政治角力。同樣跟性別有關，作者提到，在古希臘的「會飲」——一群男人喝個爛醉（有些事情從古至今都不會變，現代社會裡天天可以看到一群男人喝個爛醉），而淑女被禁止參加。是的，淑女不行，但若是吹笛者，或是娛樂男性的女性奴隸，就可以；同樣地，中世紀的英格蘭酒吧少有貴族女性出沒，一般婦女也甚少隻身前往，因為容易落人口舌。但若是一群女性前往酒吧呢？那麼就可以。人多勢眾，自己的清白也比較好證明，因此一群女性集結去酒吧，也不是什麼駭人聽聞的事。

本書最有趣的地方不只是作者以酒來談兩性地位，還道出了酒在社會史及政治史上的重要性。不少國家都曾頒布禁酒令，包括英國、美國和俄羅斯，甚至澳洲的第一座醫院就是靠著販賣蘭姆酒的壟斷權而建立。英國也曾為了琴酒和蘭姆酒造成的社會及政治問題焦頭爛額。英王威廉三世更是靠著拉抬琴酒普及度，和同為新教徒的荷蘭交好，一起打擊來自法國的白蘭地，禁止進口。如同作者所說：「和所有明智的英國君王一樣，已和法國交戰。」

你不用喜歡或是熱愛酒醉才能閱讀這本書，因為這本書能讓讀者在輕鬆的氛圍中閱讀酒在人類歷史上舉足輕重的角色。尤其是在政治及社會發展上，酒比你想像得更為重要。身處各文化不斷衝突的現代，「酒」或許是不同文化從古至今唯一的共通點了。但至於每個文化中喝什麼、如何喝、在哪喝，以及跟誰喝，都有著相當有趣的差異，也代表著一個個你所不知道的文化意涵。強烈建議各位讀者在閱讀本書時，小酌一杯你所愛的酒，在微醺的氣氛下體會這部酩酊大醉的歷史。

（本文作者為英國倫敦大學歷史高等研究院博士、故事專欄作家）

目次 Contents

前言

沒有酒醉，沒有歷史

酒醉是什麼，我恐怕不太清楚。對於要寫酒醉史的人來說，這樣懺悔似乎太奇怪了。但老實說，要是每個寫書的人都為了無知這種雞毛蒜皮的小事就擱筆，書店恐怕會空空如也。話說回來，我對酒醉還是有點概念。我從十四歲的青澀少年開始，就展開了廣泛的實證研究。打個比方：我喜歡把自己想像成現代的聖奧古斯丁[1]。他曾問：「時

1 St Augustine，三五四～四三〇，早期基督教的神學家與哲學家。

間是什麼？如果沒有人問，我就知道時間是什麼；但如果想對提問者解釋，我就不知道了。」把「時間」換成「酒醉」，你大概會明白我的情況和聖人差不多。

我知道一些基本的醫學事實。兩杯琴湯尼會破壞你的反射作用，要是喝十二杯，你會無法站立，還會與你的午餐再度見面；喝到某個量就會要你的命，只是我不願調查到底是多少。但這不是我們（以聖奧古斯丁的方式）了解的酒醉。當然，如果有外星人來敲我家大門，詢問為什麼這奇怪星球上到處都有人不停喝酒，我不會回答：「噢，只是為了損害反射作用。基本上是避免我們太會打乒乓球。」

常聽人提到一條假新聞：酒精會降低你的克制力。這實在是離譜。我在微醺的時候，會做各式各樣清醒時**不想做**的事，例如和人聊上好幾個小時，但清醒時我可沒那個興致。記得有一次，我從康敦鎮（Camden Town）公寓的窗戶探出身子，到處揮舞十字架，叫路人懺悔；這也不是我清醒時超想做、卻沒膽子做的事。

總之，喝酒產生的後果中，有些並非酒精所導致的。你大可以拿杯無酒精啤酒，卻不告訴別人裡面不含酒精，這不難。接下來，對方會開始喝，你就可以做筆記。社會學家老是幹這種事，還得到相當一致的結論：第一，你在酒館絕不能相信社會學家，一定要用火眼金睛盯著他們；第二，如果某人來自喝酒會讓人有攻擊性的文化，那麼這人喝了酒就會有攻擊性。如果來自喝了酒會有宗教感應的文化，那麼你就會有宗教感應。甚至每次喝酒的情況都不同。如果狡詐的社會學家說，他們在研究烈酒和性衝動的關係，那麼每個喝酒的人都會變得性衝動；如果說喝酒和唱歌有關，那麼每個人都會突然唱起歌來。

人類還會因為所喝的酒款不同，產生不同的舉動。即使酒裡的活性成分同樣是乙醇，但人會因為產地與文化聯想，展現不同行為。英國人很可能在喝了幾杯拉格啤酒之後，變得很有攻擊性；但是如果給他們散發高檔氣息、與法國有關的葡萄酒，他們會彬彬有禮，溫文儒雅，嚴重的話還會戴上貝雷帽。正因如此，喝了啤酒耍酒瘋的青年很多，卻沒有喝苦艾酒就破壞文物的人，或喝了金巴利（Campari）就愛跟人唱反調的傢伙。

有些人對我這番話深深不以為然。他們堅稱，壞事都是酒造成的，例如暴力。若你指出，有些文化雖然嚴禁飲酒，暴力事件仍層出不窮，他們會嗤之以鼻。我可以告訴他們，我喝得比大多數人要來得多，但在八歲之後就沒揍過任何人（八歲之前的我尚未以和平的雙唇碰觸醉人的烈酒），他們會說：「嗯，是啦，但別人呢？」千錯萬錯都是別人有錯，別人都是地獄來的。不過大多數人都可以在美好的晚宴喝上一整晚，而不持刀互砍。

另一方面，假設發生了不可思議的情況，你穿越時空，回到古埃及。古埃及人可能會很訝異為何你不喝酒，接收獅頭女神哈托爾（Hathor）的靈視——他們以為人人都喝酒；新石器時代的薩滿也會納悶，你為什麼不和祖靈溝通；衣索比亞的蘇里族（Suri）可能會問，你怎麼還不趕快工作。蘇里族人是喝酒再工作，他們總說：「沒有啤酒、沒有工作。」飲酒像是技術上的轉捩點，不妨稱為過渡式飲酒。藉由飲酒，從一天的某個時段過渡到另一個時段。英國人喝酒是因為下班，而蘇里族人喝酒是因為要上工。

不妨從另一個角度來看。柴契爾夫人過世時，並未將她所有酒杯和足以塞滿街角商店的酒一起下葬，我們現在看來很正常；要是她真和酒杯與酒一起入土，我們反而會覺得很奇怪。然而，真正奇怪、詭異、特立獨行的是我們。從人類的歷史來看，政治領袖下葬時，多半會帶著死後在另一個世界狂飲時需要的所有物品陪葬。這事跡可追溯到邁達斯國王、埃及前王朝時代和古代中國巫師，更別忘了維京人也是如此。在他們眼中，就算早就去世的人也喜歡不時喝個爛醉——肯亞的提里基人（Tiriki）會在祖先的墳上潑灑啤酒。

酒醉可說是普世現象。世上幾乎每個文化都有酒。即使像北美與澳大利亞這類不那麼熱中於酒的國家，也曾由熱愛狂飲的國家殖民。而在不同時空，喝醉代表不同的意義。喝醉是慶祝、儀式、揍人的藉口、做決策或簽合約的方式，還有成千上萬不同的功用。古波斯人要做重大的政治決策時會辯論兩次，一次在喝醉時，一次在清醒時。如果兩次結論相同，就可以採取行動。

這就是這本書要談的事。這本書不是談酒本身，而是談酒醉：酒醉的陷阱與神祇。從蘇美人的啤酒女神寧卡西（Ninkasi），到墨西哥四百隻酒醉兔神都算在內。

進入正題之前，有幾點要說明。首先，這是**簡史**。完整的酒醉史得把人類歷史完完整整講一遍，這樣會用掉太多紙張。相反地，我決定挑歷史上的幾個點，看看人們喝醉的情況。美國舊西部酒館、中世紀英國麥酒館或希臘會飲到底是怎樣的光景？古埃及女孩想狂飲的時候，會做些什麼？每個夜晚的情況都不同，但我們多多少少可以建立起一點概念。

歷史書喜歡告訴我們酒醉是什麼，卻不會解釋喝酒的細節。在哪裡喝醉？和誰喝？在一天中的哪個時段？飲酒向來有許多規矩，卻很少被記錄下來。比方說在今天的英國，雖然法律沒有硬性規定，但幾乎人人都知道你不能在中午之前喝酒，除非是機場或板球賽等特殊理由。

但在規範之間，總有難以控制的酒醉者、雞尾酒會搗亂者在遊走——我想觀察的就是她（我認為是「她」，因為酒神通常是女性）。理想上，我想要逮捕她，幫她拍犯罪存檔照，但不確定做不做得到。至少這麼一來，如果那個好奇的外星人問我什麼是酒醉，我就能向他展示了。

第一章

飲酒與演化：酒神與自然法則同在

我們必須記住，
大自然的法則通常已臻完備。
出於某種好理由，人們在任何地方
都能發現酒精。
植物與樹木裡有酒精：
因此大自然肯定安排了

人體內有某種程度的酒精存在。

——英國幽默作家艾倫．帕特里克．赫伯特（A. P. Herbert），一九五六年

在人類出現以前，飲酒者就已存在。酒一向是自然發生的。最早的生命在四十多億年前出現，那是單細胞微生物，開開心心地在最原始的湯裡游泳、吃單醣，排出乙醇與二氧化碳。基本上，它們就是尿出啤酒。

所幸生命持續演化，樹木與果實出現了。若任由果實腐爛就會自然發酵，並產生糖與酒精，引來果蠅大快朵頤。果蠅是否會出現人類能理解的酒醉狀態仍不得而知，畢竟果蠅無法言語、唱歌或開車。我們確知的是，如果雄果蠅向眼睛長在頭頂上的雌果蠅求歡，卻未能擄獲芳心，那麼牠會大幅提高酒精的攝取量。

但是對動物而言，自然產生的酒精可惜量不夠多，沒辦法供派對使用。嗯，有時候可以。在巴拿馬外海有座島嶼，鬃毛吼猴會大啖星果椰（astrocaryum palm）落下的果實（酒精含量為四．五％）。牠們會變得吵吵鬧鬧、愛睏、走路不穩，有時候會從樹上

摔下來受傷。如果依照體重比例來計算飲酒量，這表示牠們相當於在三十分鐘內，喝掉兩瓶葡萄酒。但牠們畢竟是少數。對多數動物來說，自然界無法取得夠多酒，除非有好心的科學家抓到你，把你放進實驗室，讓你大喝特喝。

動物喝醉時很有趣，因此讓人忍不住懷疑，那些花時間仔細設計實驗，觀察酒精如何影響我們四足親戚腦部與行為的科學家，是不是總在暗中竊笑。若給老鼠喝酒，甚至無限量供應酒時，會發生什麼事？要是你給一整群老鼠免費的酒吧呢？

其實牠們相當文明，只有前幾天例外。剛開始那幾天，老鼠會有點瘋狂，但多數能控制到一天喝兩次：一次在餵食之前（科學家稱為雞尾酒時間），一次在睡前（睡前酒）。每三到四天，大鼠的酒攝取量會大增，彷彿所有大鼠聚在一起開派對，聽起來很愜意吧？如果你希望自己生而為鼠，其實也無可厚非。但你必須記住兩件事：首先，不是所有老鼠都夠幸運，能在實驗室裡做實驗；第二，喝醉的鼠類有其黑暗面。老鼠群落中，通常有一隻是主宰的公鼠——鼠王。鼠王可是滴酒不沾的。酒精攝取量最高的是社會地位最低的公鼠，牠們靠酒精來安撫神經，忘記擔憂。牠們喝酒，似乎是因為牠們是魯蛇。

這就是研究動物飲酒時最大的問題。動物被鎖在籠中，被人們戳來摸去，壓力很大，無論你給這可憐的小東西多少酒，牠都會照單全收。平心而論，要是換成人類也一樣。若我被一群猩猩抓走，拖進婆羅洲森林裡的樹冠上，灌我一大堆不甜馬丁尼（dry martini），我大概會喝到一滴不剩，原因可不只是因為我有懼高症。

因此科學家得設法找出更細膩的方式給動物喝酒，卻不驚動牠們。大象尤其如此，無論在何種情況下，千萬別驚動喝醉的大象。大象喝醉時會變得很暴力。一九八五年，印度就發生過這樣的慘劇：一群大象闖進釀酒廠，這下糟了。象群共有一百五十隻，牠們酒醉鬧事，橫衝直撞，把七棟混凝土建築物搞得稀巴爛，導致五個人命喪象腳之下。坦白說，一頭醉象已經夠可怕了，一百五十頭醉象引發的後果真是不堪設想。

你可以到野生動物園，在較能掌控的環境下做實驗。把一、兩桶啤酒裝進小貨卡後頭，開到大象附近，把酒桶掀開，讓大象來啜飲。通常在一陣推擠之後，最大隻的大象能喝到最多。不過，你可以觀察到大象步履不穩，陷入昏睡，看起來挺滑稽的。但這樣還是可能出亂子。曾有科學家讓主宰的公象喝多了，還得調停一頭醉象和犀牛間的打鬥。通常來說，大象不會攻擊犀牛，但喝了啤酒會讓牠們發酒瘋。

若把觀察對象鎖定在螞蟻就安全多了。一項理論指出，螞蟻有通關密碼。螞蟻在聚落中生存，不讓其他群落的陌生螞蟻入侵。問題來了，螞蟻怎麼知道誰是自己人、誰又是外來的螞蟻？通關密碼理論聽起來有點怪，畢竟維多利亞時期的自然學家腦袋總是天馬行空，這理論在當時還算普遍。後來到了一八七〇年代，第一代艾夫伯里男爵約翰・盧伯克[2]做了實驗，才破除這項迷思：

據說每個蟻穴的螞蟻會以某種信號或密碼，來辨識彼此。為證明這論點，我讓幾隻螞蟻失去知覺。首先，我嘗試用氯仿麻醉，但這會危及螞蟻性命，而且……我不認為這測試會令人滿意。因此，我決定讓螞蟻喝醉。這沒想像中那麼容易。我的螞蟻都不願意酒醉，但我排除萬難，把牠們放進威士忌裡一會兒。我取了五十隻樣本——一個蟻穴二十五隻、另一個蟻穴二十五隻——讓牠們爛醉，並以一點顏料標示，把牠們放到檯子上，靠近另一群巢穴的螞蟻進食的地方。這檯子和平常一樣，周圍有一條深水溝，避免

2 Sir John Lubbock，一八三四～一九一三，銀行家、慈善家與科學家。

牠們跑掉。這些螞蟻很快注意到那些酒醉的螞蟻，似乎很驚訝自己的同胞竟然淪入此等不堪境地，而且和人們一樣，不知道該怎麼處理這些醉鬼螞蟻。然而過了一會兒，我長話短說，牠們搬開所有螞蟻；把陌生螞蟻搬到壕溝旁，扔進水裡；卻把夥伴扛回蟻穴，等牠們酒醒。顯然牠們認得夥伴，即使這些夥伴無法給予任何信號或密碼。

聽起來簡直愚蠢、異想天開，但是人類酒醉與動物酒醉之間的連結性，以及有毛的行為根本是無毛的行為投射等想法，確實大大影響了維多利亞時期的生物學進展。查爾斯・達爾文（Charles Darwin）認為喝醉的猿猴很滑稽。確實如此。但他也認為這些猿猴很重要。他深深被捕捉狒狒的方法所吸引：

東北非的原住民在捕捉野生狒狒時，會打開盛滿濃烈啤酒的酒桶，讓狒狒喝醉。（一名德國動物學家）看過幾隻他關起來的狒狒喝醉，並描述這些狒狒的行為與怪異模樣，令人捧腹。隔天早上，狒狒會變得脾氣很差，狀況悲慘，雙手抱著發疼的頭，表情可憐兮兮。若再給予啤酒或葡萄酒，牠們會嫌惡地轉身離去，但牠們喜歡檸檬汁。有隻來自美洲的蜘蛛猴喝白蘭地喝醉了，之後絕不再碰，可說比許多人類明智。這些瑣事證明猴子與人類的味覺神經很類似。

達爾文認為，如果人類和猴子宿醉時的反應一樣，一定有親屬關係。這不是他唯一的證明，卻是他證明主教是靈長類的起點。

這項先驅性的觀念，衍生出另一項指猿猴是人類祖先的理論：

醉猴子假說

人類天生就該喝酒，而且擅於喝酒，酒量幾乎睥睨所有哺乳類動物，可能只輸給馬來西亞樹鼩。別跟馬來西亞樹鼩拚酒量；如果真的要拚，別讓牠們堅持按體重來調整比例，畢竟牠們能乾掉九杯葡萄酒也面不改色。這是因為牠們經過演化，能食用發酵的棕櫚花蜜生存。在數百萬年演化的物競天擇下，馬來西亞最會喝酒的樹鼩勝出了，無動物能出其右。

但我們也一樣。人類也是經過演化，才變成飲酒高手的。一千萬年前，我們的祖先從樹上下來。原因目前雖不完全明朗，但很可能是想吃落到林地上熟透的美味水果，那樣的水果有更多的糖與酒精。因此人類發展出的鼻子，可遠遠就聞到酒精的氣味。酒精是個指標，帶領我們前往尋找糖分。

這也衍生出科學家所稱的「開胃酒效應」。酒精的滋味與氣味會讓我們想吃東西。仔細一想還挺怪的。酒精富含熱量，為什麼攝取了熱量之後，還想攝取更多？

你可能聽說，來點琴湯尼可以刺激消化系統，但這並不正確。就算你在靜脈注射酒精，也會得到一樣的效果。這也不是因為喝醉後吃東西會失去自制力，而是酒精會觸發腦裡的一種神經元[3]，讓你飢腸轆轆，和你真正餓到兩眼發黑時觸發的神經元相同。這對於一千萬年前的人來說很合理。你在林地不慌不忙移動，有點懷念樹上的風景，這時忽然一股美妙的香氣飄進鼻中：熟透的水果。你循著香氣，發現一個碩大甜瓜之類的東西。你一口氣吃不完，但你還是得吃。你可以把那些熱量儲存為脂肪，之後再燃燒。因此你得到了回饋系統：你每吃一口，就能得到一些酒精，這會進入你的大腦，讓你愈來愈餓，這麼一來你就會吃更多，想繼續吃。因此過了五十萬個世代之後，你的後代子孫從酒館出來，踩著東倒西歪的腳步準備回家時，覺得超想吃烤肉串。

鏡頭回到一千萬年前。酒精帶領我們前往食物，讓我們想吃東西，但現在我們得處理這些酒精，否則會變成其他動物的食物。清醒時要對抗史前掠食者已經很困難，如果醉到不省人事，更別奢望能對付劍齒虎。

既然我們已開始喜歡酒精的滋味，就必須在演化過程中發展出處理酒精的機制。在一千萬年前，人類基因發生精準突變，讓我們和馬來西亞樹鼩一樣能處理酒精。這和生產一種特殊酵素[4]有關。人類（或人類的祖先）的酒量忽然大幅超越其他猿類。以現代人類而言，肝臟有十%的酵素用來把酒精轉換成能量。

但是對我們來說，最後一項發展最重要：如何飲酒。人類在社交場合喝酒。我們會在群聚時捧起酒杯。我們會熱情洋溢、口齒不清、親切地告訴別人，他們是我們最好的朋友、我們愛他們……聊得天花亂墜。醉猴子假說最有趣的部分，在於這些都是演化時就設定好的。我們享受酒，因為這是我們把熱量吃完的獎賞。我們與群體分享酒，因為

3　精確來說，是位於下視丘的刺鼠相關肽（Agrp）神經元。但這不表示我知道那是什麼。

4　能和酒精起反應的第四類重組醇脫氫酶（ADH4）。這到底是什麼，我完全沒有概念。

對猿類而言，餵飽其家族與群體是有益的。與其他人一起喝酒，可保護我們免於掠食者攻擊。一個酒醉的人會成為獵物，但如果喝醉的人有二十個，就連最飢餓的猛瑪象也會三思而後行。

最後一點純屬推測，卻很有說服力。人類的酒量最好，而醉猴子假說解釋箇中道理。但我得指出，不是所有的生物學家都同意，甚至有人認為演化論是胡說八道，我們其實是仁慈的神所創造的。神創論者與演化論者常常不夠文明，喜歡吵架，但是殊途同歸。美國開國元勳班傑明．富蘭克林（Benjamin Franklin）曾指出，酒的存在是「證明神愛世人，喜歡看我們快樂」。他在同一封信中，也提出對人類解剖學的重要觀察：

> 為了更進一步確保你對天主眷顧保持虔誠與感激，想想我們**手肘**的情況。看看在地面上空飛翔的動物喝水時的情景。牠們有長長的腳，也有長長的頸部，因此喝水時不用跪下。人類天生是要喝酒的，因此人類結構能把酒杯拿到嘴邊。如果手肘的位置更靠近手掌，那麼前面的部分就太短，無法舉杯就口；如果更靠近肩膀，前面的部分又會太長，拿酒時會太高，超過頭部。但從手肘的實際情況來看，我們可以輕鬆喝酒，酒杯可

以準確對到嘴。讓我們舉起酒杯，讚美恩典智慧——讓我們崇敬、飲酒！

富蘭克林還指出，諾亞的洪水是要懲罰人類喝水，想讓我們在水中溺斃。無論你是演化論派，或是神創論派，總之我們天生就是要喝酒。

第二章

史前時代：釀酒與農耕

從身體解剖構造來說，像你一樣的現代人類約在十五萬年前出現，且最初的十二萬五千年簡直是災難。無論怎麼看，當時都沒有像樣的酒。當然這些說法都帶有不確定的色彩，因為史前人類並未留下文字紀錄。他們太忙著打獵、採集，還有在洞穴裡畫畫。

第一個透露出些許端倪的，應屬「洛塞爾維納斯」（Venus of Laussel）。大約在兩萬年前，有人在石上刻了個女子像，她有大胸部、大腹部，似乎拿著像喝東西用的獸角放在嘴邊。不過，並非人人同意那是喝東西用的獸角。有人認為是樂器，而這可憐的女子不知道該從哪邊吹；也有考古學家認為那和月事有關。就算真的是喝東西用的獸角，裡面可能只裝了水，不過可能性不高——畢竟喝水這件事沒必要刻在石上，永久保存。真相為何，已然不得而知。

我們也無法得知，那時的人會不會製作酒，或只是剛發現酒。早期的酒多半是發現，而不是發明的。有個聽起來滿不錯的理論，和蜜蜂有關。想像一下，在空心樹幹裡有個蜂巢，某天颳大風下大雨，樹倒了，蜂巢裡積滿雨水。只要一份蜂蜜搭配兩份雨水，發酵過程便能很快展開。因此過了幾天，有個清醒而口渴的人類剛好經過，這人就會發現好東西：天然蜂蜜酒。他可能試喝，因為人類很喜歡蜂蜜。這東西的滋味像蜂蜜，只是會讓人醉。

這只是個假設，卻是很美好的假設。比較平凡無奇的說法是，只要撿拾水果，放在防水的地方，底部的果汁就會開始冒泡。不久之後，簡單的酒就產生了。要做到這件事，可能需要用到陶器。更重要的是，你得待在原地一陣子——然而所有證據都顯示，我們的祖先是四處遷徙的。

那麼，人類為何定居？過去說法是為了種植食物，後來或許是開始製酒。之後，人類開始建造大型寺廟，發展文明。乍看之下這說法頗有道理，但實際上錯得離譜。

目前已知最早的建築物，是位於土耳其的「哥貝克力石陣」（Göbekli Tepe）。這地方很妙，因為沒有適當的屋頂或牆面，也沒有證據顯示曾有人住在裡頭，附近沒有任何住宅的痕跡。這有道理，因為哥貝克力石陣是在一萬年前出現的，當時的人類尚未定居，從事農耕。因此這個地方顯然是由獵人與採集者共同打造，用途可能是神廟。石陣規模很大，用來打造此處的石頭重達十六噸，需要諸多不同部落聚集在此，協力合作，才能樹立起來。

他們為何這樣做？

在哥貝克力石陣有幾個大型石盆，最大的容量約有四十加侖——裡面有化學物質草酸鹽（oxalate）的痕跡，這是把大麥和水混合後形成的。大麥和水混合之後，啤酒就能自然發酵。因此哥貝克力石陣似乎是個聚集點，讓部落集結

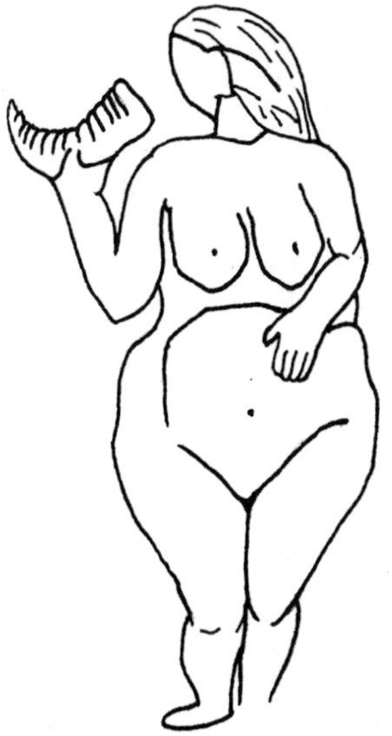

洛塞爾維納斯，石灰岩浮雕，
法國，約兩萬五千年前。

起來，一同喝啤酒的地方。這裡位於山丘上，視野很好，吹吹風很不錯。

當然還有其他假設。有人說，啤酒是用來支付建築工程的。有人說，根本就沒有啤酒，當時的人只是喜歡把大麥放在大桶子裡泡水，讓麥子軟一點，還來不及冒泡成為好喝的後期舊石器時代麥酒，就被拿出來了。

但啤酒很可能存在。更重要的是，啤酒比神廟、農耕都要早出現。這可推論出人類歷史的一大理論：人類開始農耕，並不是想要食物——當時到處有食物。人類開始農耕，是因為想喝酒。

這或許比想像的更有道理，原因有六：第一，啤酒比麵包容易製作，不需要熱騰騰的烤箱。第二，啤酒富含維生素B，是維持人體強健所必須。獵人靠著吃獵物而獲取維生素B。種植穀類的農夫如果只吃麵包、不喝啤酒，就會變成貧血的弱者，被人高馬大的健康獵人宰了。幸而小麥大麥經過發酵，就能產生維生素B。

第三，啤酒是比麵包更好的食物。啤酒較營養，原因在於裡頭的酵母已幫你消化。第四，啤酒可保存，供日後飲用。第五，啤酒裡的酒精可殺菌，淨化用來釀酒的水。定居的一大問題是得找地方排泄，而少許排泄物很可能會碰觸到水，直接進入你口中。游牧民族就不用處理這個問題。

第六個、也是最重要的論點在於，要能真正改變行為，必須有文化趨力。如果啤酒值得人們特地走一趟（從哥貝克力石陣來看，答案是肯定的），又是具有宗教性的飲品（從哥貝克力石陣來看，答案也是肯定的），則很可能說服最熱忱的獵人定居，種植良好的大麥，釀造啤酒。

因此約在西元前九千年，我們想要常常喝醉，於是發明了農耕。這導致了兩件事：第一，我們開始有真正、無庸置疑的考古證據，顯示人類會喝酒。葡萄酒是很好的考古證據，因為酒石酸會殘留下來。中國就發現過西元前七千年的酒石酸，後來伊朗也出現，之後往西擴散到地中海地區。當然，這個進展也可能是反向而行。這是一片寂靜中，小小的考古證據發出的微弱之聲。

第二個結果比較不重要：文明誕生了。

第三章

走入文明：蘇美人的酒館

城市是農夫工作太努力的結果，而歷史就是農夫工作太努力的結果。如果你的工作和食物產製無關（而且你還活著），這表示在某個地方，農夫生產的食物超出了他的需求。一旦這種情況發生，分工就出現了，因為你終究得提供農夫某樣東西以換取食物，無論你提供的是衣物、住宅、保護或會計服務。農業生產過剩的確切證據，就是有些地方有人居住，卻完全不生產食物。這地方就叫城市。

拉丁文的城市叫「civis」，之後又衍生出citizen（公民）、civil（國民的）與

civilization（文明）等詞彙。

我們拿某樣東西和農夫交換，稱為交易。交易會產生爭議，負責解決這些爭議的，就叫政府。政府需要錢，支付重要事物，例如王權、軍隊，以及進行事實調查的旅程。由於要記住誰繳過稅、誰還沒繳實在太難，因此需要以文字寫下來。書寫一出現，史前時代就結束了，歷史於焉展開。

這一切突然在西元前四千年晚期發生，地點是在今天的伊拉克，過去稱為美索不達米亞，也稱為「蘇美」，蘇美人所說的語言叫蘇美語。總之，文明出現，之後的發展就容易了。

人類起初所寫下的東西中，不少和啤酒有關。最原始的書寫差不多是一堆借據。但那時，錢幣尚未出現，人類是以大麥、黃金或啤酒以物易物。起初，約在西元前三二○○年，有人畫了一小張圓錐狀啤酒杯的圖。這圖很快簡化成線條，變成容易刻在黏土上的東西；就像廁所門上男人與女人的標誌並不像真正的人類，這些啤酒的象徵很快也只變成泥版上的幾個線條。那可能表示啤酒，或用來指啤酒這個字的聲音，也就是「kash」，後來變成字母。

這代表美索不達米亞人可寫的東西不再只有借據，還能寫下心中認為重要的一切。通常來說，就是神和啤酒。他們也寫下關於啤酒女神寧卡西的故事，她無時無刻不在釀啤酒，直到永恆。有一首獻給她的頌歌，解釋她如何用大鏟子搬移啤酒酵母麵包，並在烤箱裡乾燥，再放到瓶子裡泡，加入麥芽酒醪、蜂蜜、葡萄酒等等。蘇美人釀造啤酒的確切方式尚不得而知，但一定會用到許多專門的酒壺，詳見後文。

啤酒人人都喝，國王在王座上喝啤酒，祭司在神廟裡喝。歷史上第一位詩人名叫安海度亞娜（Enheduanna）的女子。她是薩爾貢大帝[5]的女兒，擔任烏爾城（Ur）的高級女祭司。她決定依循「知道什麼寫什麼」的規則，寫下許多讚美烏爾城內與附近神廟的詩。詩中大略如此：

> 在朝向聖城（Iri-kug）的大門，把酒倒入神聖的安（An）放在戶外的酒盅。進入你的是無與倫比的，離開者會永久持續……令人敬畏的立面、光芒四射的房子、

5 Sargon the Great，西元前二三三四～前二三一五年，阿卡德帝國的創建者。

抵達審判之處，寧吉爾蘇（Lord Ninĝirsu）讓這裡令人敬畏無比！所有阿努那的神祇（Anuna）參加你的飲酒饗宴。

或者

伊辛城（Isi）是安在空無一物的平原建立的城市！城的外觀雄偉，城內美輪美奐，神聖的力量乃由安掌握。有恩利爾（Enlil）所喜愛的神廟、安與恩利爾決定命運的地方、偉大神祇用餐之處，在在充滿令人敬畏與恐慌的氣氛：所有阿努那的神祇都參加你偉大的宴飲。

老實說，她的詩稍嫌千篇一律。我懷疑若非她老爸是皇帝，她的詩恐怕根本沒辦法出版，全部換湯不換藥。

重點是，啤酒在詩中是重要、神聖之物。有一篇神話提到，文明乃是透過啤酒產生。故事中提到，智慧之神恩基（Enki）和性愛女神伊南娜（Inanna）坐下來。那時，人類還沒有技能或知識。

恩基和伊南娜在阿勃祖[6]一起坐下來喝啤酒，享受甜酒的滋味。青銅酒杯裝得滿滿的，兩方開始以烏拉斯[7]的青銅杯喝酒較勁。

長話短說：伊南娜贏了。恩基酒醉，昏了過去，伊南娜趁機偷取天堂的所有智慧，帶到凡間。等到恩基醒了，發現智慧全都不見了，因而大發雷霆，卻為時已晚。

《吉爾伽美什史詩》（*The Epic of Gilgamesh*）是最知名的蘇美神話，率先提到一個名為恩奇都（Enkidu）的野人，他和動物一起生活，有點像美索不達米亞的森林王子毛克利（Mowgli），直到有個伊南娜的女祭司出現，設法把他變成人類。她的方法是與他交合，再讓他喝酒（和常見順序不同）。恩奇都喝了七壺，愛喝得要命。之後他設法回到動物朋友身邊，卻發現動物不願再與他為友。於是，他前去烏魯克，與吉爾伽美什國

6 Abzu，神話故事中巨大的地下海洋。
7 Uraš，蘇美神話的大地女神。

王打鬥。不打不相識，兩人成為朋友，之後他就死了。這故事一定是要告訴我們什麼，但我猜不透。

重要的是，啤酒無所不在。啤酒讓你成為人、讓你變得文明。蘇美人有句諺語：「他很可怕，像是不認識啤酒的人。」更能看出端倪的只說：「不知道啤酒是不正常的。」

那麼，一般蘇美人怎麼找樂子？假設我們穿越時空，回到西元前約二千年位於伊拉克南部的烏爾城[8]。我們對階梯式金字塔沒興趣，也不打算看風景，只想買醉。那該怎麼辦？咱們既非王公貴族，也不是祭司，沒辦法從宮殿或神廟開始。我們需要的是間酒館。幸好這種地方的確存在，只要找得到就行了。

酒館通常就在主要廣場的附近，但由於這是世上最大的城市，有多達六萬五千名居民（超過梅德斯通市[9]的一半！），因此可能有很多酒館。要認出酒館的方法，就是看看門外是否有妓女徘徊。怎麼認出妓女？嗯。她們只穿一件衣服，脖子上可能掛了串珍珠項鍊。這未必表示烏爾的妓女很有錢，只是當時人口較少，牡蠣較多。

因此我們在街道上穿梭，兩邊是平屋頂的低矮泥磚房。找到啦！我們進了門，首先注意到的是裡頭很昏暗，氣味刺鼻，蒼蠅多得不得了，因為啤酒是在酒館現場釀製的。如果是葡萄酒，必須從鄉間送來；但啤酒是在酒館裡釀造，那氣味就是麥芽、大麥與其他釀造時使用的材料混合而成。

等眼睛適應黑暗之後，就會看見器材：有許多酒槽、酒壺、鍋子，每種皆有專屬名稱：古卡爾桶（gukkal）、拉姆薩雷桶（lamsare）、禾稈槽、烏古波酒瓶（ugurbal）。這些器材在釀酒過程中都會用到，但考古學家不很清楚確切用途。在還算高檔的地方，或許能看到裝飾精美的陶器，但這裡可能沒有。

誰會造訪這裡呢？許多蘇美文獻提到酒館門外有妓女，但只有一處提到有妓女在酒館裡，而且文獻中指出，她是從窗戶溜進來的。因此酒館並非肉慾橫流的場所，這裡確實至少有一名女子，但那是酒館女主人。

酒館向來由女性開設，這在蘇美王表（Sumerian Kings List）中曾提及。蘇美王表是把美索不達米亞的王列出來的名單，這些蘇美王多少有傳說的色彩。其中只有一名

8 當時不叫伊拉克，而是稱作……烏爾。當然，也沒有人知道那是西元前二千年。
9 Maidstone，英國肯特郡的知名古城，有不少名勝古蹟。

是女王，是個叫庫巴巴（Kuababa）的酒館女主人，統治基什（Kish）一百年（我剛說過，這些王帶有傳說的色彩）。酒館主人是婦女其來有自，因為釀製啤酒是家事，是女人家的辛苦工作。《漢摩拉比法典》更確立了酒館主人為女性，但這還要等到三百年後才有文字記載。姑且把這點先擺在一旁。《漢摩拉比法典》提到了三次酒館：

第一〇八條：如果酒館主人（陰性名詞）不接受以總重量計算的玉米來支付酒錢，改收取金錢，而酒的價格卻低於玉米的價格，那麼酒館主人有罪，要被扔到河裡（亦即淹死）。

第一〇九條：如果共謀者在酒館主人（陰性名詞）的房子裡見面，而這些共謀者並未被逮到法庭，酒館主人應處以死刑。

第一一〇條：如果「神之姊妹」開酒館或進入酒館喝酒，應處以火刑。

先不照順序，看看這三條法律。首先是共謀者。酒館這地方看起來不可靠，位於街道旁，昏昏暗暗的，有心人可在此見面，圖謀不軌，做些非法勾當，抱怨政府。如果我們環顧這小小的飲酒處四周，很可能就會看見某些符合這描述的人。

第二，「神之姊妹」就是女祭司。酒館不是好人家女孩涉足之處，這並不表示酒館裡面沒有婦女，只是你不希望自家女兒來這裡耗時間。有另一句蘇美諺語說：

宮殿避不開荒地、平底船避不開禾稈。
自由人避不開被迫勞動，國王之女避不開酒館。

這段諺語含意不明，但似乎是指「事情總在錯誤的地方結束」。若國王的女兒在這裡，我們應該給她很大很大的位子。別惹麻煩。

客層就說到此，總之這裡龍蛇雜處。咱們來點些啤酒吧。我們務必記得《漢摩拉比法典》第一〇八條。酒館老闆娘說不定會想少給我們一點酒。若果真如此，可以舉報她，讓她被淹死。

蘇美的酒款很多，有大麥啤酒、二粒小麥啤酒、棕啤酒、深色啤酒、淡啤酒、紅啤酒、甜啤酒、加蜂蜜與各式各樣香料的啤酒、與葡萄酒混合的烈啤酒與過濾啤酒。最後兩種很貴，但事實上其中很可能只有一種喝得到：酒館今天釀製的啤酒。精釀啤酒的愛好者或許會覺得烏爾古城是再完美不過的地方，每間酒館都是現在所稱的「微型釀酒廠」。事實上，當時根本沒有大型啤酒釀造廠。這表示，如果你真有興趣，大可和酒館主人大聊特聊，說這啤酒多麼有麥芽味，討論複雜的浸漬過程等等。你說不定還可以要求你的二粒小麥啤酒「像派普希爾運河的水一樣會冒泡」[10]。

接下來，我們得付錢。當時是以物易物的社會，當地人結帳時可能用大麥計算。大型採買者（例如某富貴人家）可能會以等值銀幣計算，但是啤酒很便宜。如果你用銀幣支付啤酒，可能得用到顯微鏡來切分銀幣。因此，身為旅行者，我們得拿出可交換的東西來討價還價。或許是沿途收集的某種香料，也可以是任何東西，比如小豬。不過，之後再來談這主題。

現在我們坐到桌邊，啤酒會裝在「阿滿」（amam）壺端上來，還附上兩根吸管。蘇美的啤酒得用吸管來喝，因為當時的啤酒和現代漂亮清澈的琥珀液體不同，是會冒泡泡的大麥粥，很多固體會浮在表面，必須用吸管才能穿過表面，吸到下方甜甜的液體。許多圖都描繪過蘇美人用吸管喝啤酒；在中非的部分地區依然用這種方式喝棕櫚酒。

啤酒有了、吸管有了，接下來該做什麼呢？嗯，喝酒比賽似乎是標準做法。有些地方提過神仙會比賽喝酒，不妨假設凡人也有飲酒比賽。人喝酒是為了醉。常言道：「喝啤酒時，不該失去判斷。」以及「不該和騙子一樣吹牛，才能得到信賴。」你在譴責某行為時，正是因為有人會做出那種行為；社會上的罪惡可從虔誠的宗教行為透露出來。所以大家在拚酒量時，就會吹牛、欺騙與失去判斷。

喝啤酒是齊聚一堂的快樂時光。我們可能和鄰桌的共謀者成為朋友，也可能說笑。蘇美人喜歡笑話，把笑話列表，其中有些笑話今天看來仍覺得好笑，或富含某種笑點。「一隻銜著骨頭的

10 我不懂為什麼運河會冒泡。

蘇美人會用吸管喝啤酒，以避開沉澱物。這是西元前二六〇〇年烏爾城普阿比女王（Queen Puabi）的圓柱形封印細部。

狗對自己的肛門說：『這東西會傷害你！』」或者「自從開天闢地以來，有件事從未發生過：年輕小姐沒在丈夫的懷裡放屁。」

還算有笑點。

有時候，有些留存下來的文字顯然是笑話，但我們已無法理解。比方說「有隻狗走進酒館說：『我什麼都看不到，我要打開這個。』」經過四千年的歷史迷霧，我們已看不出笑點何在。但這是最早「動物走進酒館」的笑話祖師爺。有些事情是不會變的。

我們喝酒、酒醉、講笑話。現在或許該回頭談談酒館門口的妓女。這並不表示召妓是好的，但那顯然是蘇美飲酒文化的一部分。我們不太了解召妓的價格，但有一首頌歌是獻給先前提到的性愛女神伊南娜，裡頭提到了她的開價：

我靠牆站著，就是一謝克爾；我彎下腰，則是一個半謝克爾。

這或許不足以清楚說明要價，畢竟伊南娜是女神，可能要加價。但看得出來的是，你無法躺到舒適的羽絨床上。買春是嚴格限定露天進行的。關於人類買春唯一的價格線索來自一項法律文件，上頭紀錄一次性行為交換一頭小豬。或許用小豬換一杯酒太貴了，因此你可以看到傍晚時來到這裡的顧客有何意圖。如果那人帶了一頭小豬，就代表他不只是來喝酒的。

時間愈來愈晚，大夥兒醉得東倒西歪，該是以飲酒歌來結束這一晚的時候了。啤酒是快樂、由眾人共享，且讓人唱起歌的事物。有一首飲酒歌目前仍然存在，提到許多讓人摸不著頭緒的釀酒用壺與鍋，也提到幾次啤酒與性愛女神——寧卡西與伊南娜。我稍微修改文字，好讓這首飲酒詩能押韻，但沒有更動太多。以下是一首真正的蘇美詩歌。想像一下，共謀者、酒館女主人、戴珍珠項鍊的妓女、小豬等一大批自然界的造物，大夥兒勾肩搭背唱歌，那麼情況就會像這樣：

古卡爾桶！
古卡爾桶！
古卡爾桶！

拉姆薩雷桶！
古卡爾桶，
確保人人
和樂融融！

拉姆薩雷桶，
我們很高興有這一桶。
但最棒的，
是烏古波酒瓶拔頭籌。

薩古布壺（saggub）裝滿啤酒。
阿滿壺把酒帶到這裡。
酒槽酒桶酒壺酒鍋
全排在整齊的壺架中。

願神祇之心與你同在
古卡爾桶是我們的心與引導。
對你好也對我好
讓我們歌唱心情好！

若把啤酒灑在酒館地板上，
你會和寧卡西更快樂。
我們會平安生活，過得一樣棒，
因為我們喜歡她的啤酒與葡萄酒聲響。

所有酒槽裡都裝滿啤酒，
男孩、釀酒者與持酒者都在這。
我在啤酒之湖上旋轉，

覺得美妙，覺得美妙。

我幸福喝下啤酒，
喝下釀製之酒，心情暢快，
我從頭歡喜到腳，
我的心情披上了皇袍。

伊南娜的心又歡喜，
伊南娜的心又歡喜。
噢，寧卡西！[11]

之後，該是東倒西歪穿過安靜的街道，準備回家的時候了。這時不妨安慰自己，無論面臨什麼，或是否和花費一隻小豬有關，至少我們的行為比古埃及人好得多了。

11 雖然曲調有點混亂，但我覺得和知名英國卡通《郵差叔叔派特》（Postman Pat）的主題曲還算能搭配。

第四章

古埃及：神聖的酒醉

如果你回家後醉倒在床上，
我會幫你搓揉腳。

——埃及情詩（新王國時期晚期）

古埃及人很有趣。他們花在宮殿上的錢比墳墓還少；他們認為某個神在自慰之後不小心讓一些精液跑到口中，之後世界就誕生了；他們認為，啤酒拯救了人類。

埃及神話大略提到，人類對於最高的神祇「拉」（Ra，也就是前一段提到的神）說了不敬的話。不知為何，人類在埃及神話中常幹這種事，結果多半不妙。拉勃然大怒，決定把人類殺個片甲不留。祂派出女神哈托爾負責此事。哈托爾有獅子的頭部，脾氣則和西施犬一樣。她興致沖沖，扛下這任務，一會兒在此大開殺戒，一會兒又到別處殺人血流成河，直到拉開始同情人類，決定放過人類一馬。不過殺紅了眼的哈托爾可不罷休。她義憤填膺，聲稱做事要全力以赴、有始有終。

拉發現自己陷入困境，趕緊釀了七千桶啤酒，並把啤酒染成紅色，灑向大地。哈托爾看見紅色的啤酒，還以為是人血，喝個不休。沒多久，她昏昏欲睡，忘記了神聖的殺人之樂，準備打盹。就這樣，啤酒拯救了人類。

出於某種原因，拉後來又打造了一頭牛。

這促成了酒醉慶典的誕生，後面會回頭來談。但在此之前，不妨先指出埃及歷史上幾個奇特之處。首先，埃及歷史非常、非常、非常漫長。埃及是在西元前三千年（或再早一點）統一，不久後發展出象形文字與金字塔，成為文明的兩大基石，並一舉成為世上最富有強盛的國家。簡單來說，埃及在接下來兩千年都享有這樣的地位。在大約西元前一千年，埃及國力稍微衰退，這情況延續了一千多年。因此全部加起來是一段很漫長的時間。

克麗奧佩脫拉[12]聽起來是相當古早以前的人，但她去世時間距今才兩千年。吉薩大金字塔在她出生前兩千五百年建造，對她來說，那座金字塔的古老程度，比她對我們來說還老。

這表示，要通盤理解多年多年前古埃及人的醉態，確實是有點困難。在起初的一千年左右，幾乎沒有證據留下。我們知道當時的埃及人會喝酒。當初建造大金字塔的工人，就有部分工資是以啤酒支付。約在西元前三一五〇年逝世的蠍子王一世，陪葬品有三百壺進口葡萄酒，因此我們知道當時的人會喝酒，至少有錢人如此。

問題是，我們不知道蠍子王**如何**喝酒。自己喝？和朋友喝？一次狂飲喝乾，還是慢慢品酌？我想，金字塔工人一定渴到不行。如果我們是撒哈拉沙漠耗體力的勞動者，當然會渴。

12 Cleopatra，西元前六九～前三〇，世人稱作埃及豔后。

而接下來的，多數是來自有較明確證據的時期，即西元前一二〇〇年的新王國時期晚期。

第二，我們對於古埃及的認知多半來自富人的墳墓。有些來自詩歌，那是富人寫給富人的；有些來自神廟裡的雕刻，也只有富人才負擔得起。關於尼羅特人的工人階級，我們幾乎一無所知，只知道他們年紀輕輕就死了，也沒什麼衣服穿。這又來到了第三點。

小學生在學習古埃及的知識時，老師絕不會告訴他們關於性愛的事。希臘羅馬神話可以稍微改編，變成還不錯的床邊故事，但伊西絲（Isis）對哥哥的屍體做了什麼事，恐怕就不好說了。若從神聖文本《荷魯斯與賽特之爭》（*The Contendings of Horus and Seth*）來看，連玩膩任何把戲的A片演員都會哭泣，渴望失去的童真。接下來的段落，從埃及的標準來看是相當溫和，甚至甜蜜。

對埃及人來說，飲酒就代表性愛，性愛就代表要飲酒。兩者都和音樂很搭配。他們會寫下這樣的情詩：

給她舞蹈，給她歌曲，
給她濃烈的葡萄酒與麥酒。
狡詐地迷惑她，今晚擁有她。
她將會說：「親愛的，緊緊抱著我。
等晨光初現，我們將再次愉悅。」

有時是女人把男人灌醉，因為埃及女人很愛喝酒。在爛醉這檔事，埃及人早就有很現代的性別平等意識了。有一張描繪新年盛宴的圖片，男女不同桌，但是女人喝的酒卻沒有少。不僅如此，還有對白說明她們的談話。管家說：「為了靈魂，喝到醉吧。好好慶祝！傾聽你的親戚說什麼，別光坐在那兒。」

「給我十八壺酒，」一名老太太要求，「我一向想喝醉，體內就像吸管。」

管家對一旁的女人說：「喝吧！別太小口。我會在你身邊。」（這一次可是說真的。）

第三個女子說話了：「喝！別惹人厭。把杯子傳給我。」

古埃及人想喝的量很驚人，但有另外兩點值得注意。他們喝酒的唯一目的很清楚，就是喝醉，完全不講心靈平靜或社交。他們就是要喝到茫。正因如此，管家才說他會隨侍在側。在埃及的飲酒場合上，即使是體面的女士也需要有人守在一旁，確保不會摔進尼羅河，或被自己的嘔吐物搞到窒息死亡。

他們確實會大吐特吐。在另一張宴會的繪圖中，有個女子正開心地朝女侍嘔吐，而那名女侍輕拍女子的頭，手上還拿著酒杯要給她。實在是醉到深處無怨尤的狂飲。埃及人是每天喝，或只在節慶喝（他們稱為「快樂日」）很難說；但無論如何，節慶的日子真不少。

這些景象在墳墓上加以描繪，因為埃及人對狂飲驕傲得很。酒醉對他們而言毫不可恥。他們希望爛醉的模樣能成為永恆的記憶。當時的人很講究這一點，連祭司也會寫：

我永不忘記與墓中安息者慶祝的快樂日。我尤其懷念我輕鬆坐著，在我喝了葡萄酒與啤酒之後「遊歷沼澤」，並塗上沒藥[13]。

「遊歷沼澤」是古埃及人表示性交的標準用語。當時無論男女，喝醉之後就要交媾。曾有一名女士叫克拉提安克（Chratiankh），我們對她的了解，只有她墓誌銘上的自誇：

> 吾乃善於酒醉之婦，喜歡好日子，盼每天在沼澤徜徉，塗上沒藥，灑滿蓮花的香氣。

她接著說自己會與先生前往沼澤，而美麗的侍女在一旁演奏音樂。接下來她似乎暗指，她對侍女也做出同樣的邪惡行徑。這就是古埃及人哪！

鋪陳這麼多，該來談談酒醉節。現在你已稍微了解背景，接下來的事應該不至於讓你大驚失色。

13 myrrh，又稱末藥，為一種活血化瘀、健胃止痛的藥材，據稱有神奇療效，還可幫屍體防腐。

酒醉節每年（或可能一年兩次）舉辦，是用來歌頌女神哈托爾[14]，以及人類靠著啤酒發揮奇蹟、得到拯救[15]的節慶。這節慶剛好落在尼羅河每年氾濫、為埃及帶來豐饒的時刻，而根據傳說，也和哈托爾遭放逐到遙遠南方後的回歸有關。酒醉節會在哈托爾的神廟舉行，許多埃及富人會參加，包括王公貴族，想必盛況空前。

節慶始於黃昏，成群參拜者聚集在尼羅河東岸，這時夕陽在河對岸落下。他們穿上最好的衣服。婦女戴上宛如巨型項鍊的領飾（wah），眼周上妝，頭上戴起花環。眾人在身上塗抹散發甜美香氣的油脂，到處灑滿花朵，四下氣氛宛若芬芳的天堂。

每個人滿心期待。他們背後就是神廟，正等著女神到來。這座神廟如一首詩所言：「就像酒醉的婦女／坐在（神祇）宮殿外頭／髮辮落到美麗的胸脯／她有床罩與被褥。」

眾人等待儀式用的平底船現身於尼羅河面，往下游朝他們前來。哈托爾回來了。平底船往岸邊接近時，婦女開始打擊手鼓。祭司登上船，帶著酒盅，裡頭裝滿染成紅色的啤酒，獻給女神。

哈托爾回來了，這究竟意味著什麼，恐怕不得而知。或許有人會打扮成哈托爾的模樣、可能有個哈托爾雕像，甚至可能有其他東西。重點是，哈托爾喝酒（或把一些啤酒灑在雕像上），而那一刻，群眾會齊聲歡呼。

在鼓聲中，哈托爾下了船。一群祭司和舞者包圍她，跳傳統的飲酒舞，將右手舉起，手肘彎曲九十度。哈托爾從南邊歸來，而舞者似乎穿著狒狒或猴子模樣的道具服，顯示她是大自然的女主人；有些人甚至穿著努比亞人[16]的異國服裝。

群眾往兩邊退開，哈托爾穿過前門，來到神廟前庭。雖說群眾讓了路，但人數實在太多，而且都爭相一睹盛況，甚至爬到門口兩邊的巨大雕像上、坐在大門頂部。形成了一點也不莊嚴肅穆的場合，相當混亂。畢竟是酒醉節嘛！

人們在神廟前庭進行慶典的下一個階段：打球。在古埃及，這活動一度與性愛無關。球用瓦器製成，代表女神之敵的眼睛，因此是壞東西，而資深祭拜者（法老王，如果在的話）會用巨大的棍子去打。怎麼打並不清楚，可能是打碎，也可能是象徵性地敲

14 埃及神祇的身分流動很大，一個神可能兼具很多身分。比方說哈托爾就有穆特—哈托爾（Mut–Hathor）、哈托爾—愛（Hathor–Ai，月神），或穆特、塞赫麥特（Sekhmet）、芭斯特（Bastet）。祂們也會改變頭部的動物模樣，因此哈托爾憤怒時，頭部可能會是獅子、牛或人類。為了不混淆讀者，我只用哈托爾這個名稱代表。

15 指哈托爾，參見前一則注釋。

16 古埃及時期生活至今、位於今埃及與蘇丹地區的一支古老民族。曾被古埃及人征服。

打。不過，由於球只有一吋寬，棍子又好幾呎長，因此我想像成是古人的高爾夫。

球打完、法老王打道回府，真正的樂子上場了。大量的葡萄酒與啤酒四處分送，但食物很少。和之前一樣，喝酒的目的只有一個：神聖的喝醉。要當個神聖的醉鬼，就要醉個不省人事。

火盆照亮庭院與柱廳，眾人傳遞酒盅。帶著宗教熱忱大口飲酒，酩酊大醉。祭司站在臺上，唸出頌歌。要是有人忘記自己身在何處，祭司會提醒：

對，讓我們在宴會上喝吧、吃吧！
讓我們歡天、喜地、樂不可支！
願芭斯特[17]來到我們腳邊！
讓我們在她的酒醉宴席上，為她喝醉。

但他也會提醒大家另一件他們得做的事：

讓他喝酒、讓他吃食、讓他嗨。

最後一句可以翻譯為「和別人發生性關係」，但如果把接下來即將發生的事情講白了，就沒有任何假正經的空間了。大家都在性交。我們這些理智的現代人肯定大驚失色，但是古埃及人既不現代，也不理智。他們的文化喜愛性交，崇拜性交。他們用芬芳的油塗抹全身，這時月明星稀，眾人已慾火焚身。不僅如此，祭司叫他們去做。所以，沒錯，他們就在神廟的大廳搞了起來。事實上，這廳堂確實稱為「遊歷沼澤堂」。

聽起來很奇怪，你可能暗忖：「要是有人懷孕怎麼辦？」確實如此。在節慶的酒後亂性中懷孕、孩兒之父不詳並不是什麼壞事。這樣的孩子相當受到讚賞，長大後不僅能當祭司，甚至對出身很驕傲。有個人名叫很好唸的「肯赫克佩謝夫」（Kenherkhepeshef），就為自己立了紀念碑（埃及人會這麼做），上面寫著：

17 其實就是哈托爾，參見注釋14。

> 母親在前庭懷了我，那是德爾埃爾巴哈里（Deir el-Bahari）旁的門道，緊鄰梅尼賽特（Meniset）神廟。我吃讀經祭司供奉給偉大阿庫之靈（Akhu）的大餅，我在王后谷漫步。我在前庭過夜。我喝水，看見發光者送到美奈特（Menet）神廟。

肯赫克佩謝夫也是母親遺囑中最愛的孩子，顯然她根本不在乎，甚至可能對那事件抱著美好的回憶。

這縱慾之舉比較實際的問題，在於如何又吐又做。基於某種原因，嘔吐被視為是宗教上的必要之舉[18]，因此嘔吐很常見。要是你的胃裝得下一大堆酒，沒讓酒原路折返，他們會在啤酒裡加催吐香草，確保能嘔出來。真可惜，這晚一開始原本到處都芬芳撲鼻。

最後，敬拜者會做出所有人在爛醉、嘔吐、與陌生人交合後做的事：進入夢鄉。在這一夜的最後幾小時，酒醉堂可是鼾聲震天，眾人不省人事。這時，神奇的事情發生了。

有些人沒喝醉（例如先前提到的管家），在周圍等待，準備對無助的人伸出援手。在一片悄然寂靜中，他們正準備展開最後一道任務。在神廟側邊的禮拜堂有座巨大的哈托爾像，他們打開門，不知用了什麼史書上並未記載的方式，把神像搬到酒醉廳，放到房間正中央。當第一道曙光穿過柱廊，他們就開始打鼓。這時各種鼓聲與叉鈴（sistrum）大作，要讓**還在酒醉的**每個人都醒來。

若有過類似經驗，就會知道在酒醉沉睡時被粗魯叫醒，是多暈眩茫然。你不知自己身在何地、不知自己是誰，甚至什麼都不知道。這時，一尊女神神像在你旁邊聳立，東方的日光照耀著祂。

這正是慶典的目的，也就是女神神祕顯靈。你在酒醉時對這女神的感受，是清醒的平日午後感受不到的。

他們酒醉時，會看見女神。
藉由酒杯。
喝吧，努力喝。

18 有趣的是，澳洲人對於酒醉嘔吐有一種委婉的說法：「用巨大的白色電話和上帝說話。」我認為這在這裡很有意義，不過各位或許不這麼認為。

吃吧，努力吃。

喝酒、吃東西、唱歌。

酒醉。

在這完美交融的時刻，你對神的請求都會得到應許——雖然可以想見，他們根本不記得自己祈求了什麼。

我們或許會覺得很奇怪。西方社會沒有喝醉的宗教傳統，但綜觀其他地方的歷史，卻不難找到類似的先例。從墨西哥、太平洋島嶼到古代中國，都重視酒醉後的神祕經驗——在酒瓶底下能找到神。以我自己來說，如果我幾杯黃湯下肚，忽然看見祖先的靈魂，根本會嚇到說不出話（恐怕我的祖先會無奈離去）。這大概是流連酒館的現代人，對於酒醉最無法理解的部分。

或許正因如此，這裡值得引用一大段威廉．詹姆斯（William James）的話。他是知名美國心理學家、哲學家，弟弟是大名鼎鼎的作家亨利．詹姆斯（Henry James）。他在分析宗教的神祕性時，精闢解釋酒醉最美好的部分。我們這種愚蠢的凡夫俗子或許已遺忘了，但經由他提醒之後，可能會想起，從中獲得幫助：

酒對於人類的影響，無疑能刺激人類神祕的官能，那是在清醒時刻，被冰冷的現實與無情的批判壓制在地的。清醒會縮小內斂、與人區別、說不；酒醉會擴大開放、與人整合、說好。事實上，酒醉是最能激發人類說「好」的促成者。它把貪杯者從事物冰冷的邊緣，帶到發光的核心，使他這一刻與真理同在。人追求酒，不只是為了轉變。對於貧窮與不安的靈魂來說，酒醉替代交響音樂會和文學；酒醉是人生更深刻的神祕與悲劇的一部分，許多人都只能在被貶斥為「中毒」稍縱即逝的初期階段，感受到它的氣息與光芒，並且認出那就是完美。酒醉的意識，是神祕意識的一小部分，而我們對酒醉的感受，也會在對神祕性的更大整體感受中找到位置。

或正如埃及人說的：

為了你的靈魂！喝吧，喝到醉茫茫。

內弗爾霍特普（Neferhotep，約西元前一三〇〇年）墓中的細部。
左邊女子是個拿著酒杯的僕人，右邊女子喝醉了。

第五章

希臘：酒醉不違背理性

我認為，酒裡面含有意義。
摻了水才喝的人是蠢蛋。

——雅典詼諧詩人安菲斯（Amphis，約西元前四世紀）

希臘人不喝啤酒，而是喝葡萄酒，但他們以一份葡萄酒搭配兩、三份水的比例喝，因此濃度差不多。這就是希臘人有趣的地方：什麼事都要**搞得很複雜**。當然，這讓他們能好好享受最喜歡的休閒活動。希臘人最喜歡的不是哲學、少年愛（pederasty）、飲酒、雕塑，而是對外邦人嗤之以鼻。

波斯人喝啤酒，所以是野蠻人；色雷斯人喝未經稀釋的酒，所以是野蠻人。希臘人認為，只有他們的喝法才正確。

希臘人喜歡用拇指按鼻尖，朝著膽敢當個非希臘人的人揮動另外四隻手指，因此一般認為他們的酒神戴歐尼修斯（Dionysus）是外邦人時，實在有點出人意料。戴歐尼修斯在尼薩山（Mount Nysa）誕生，這地方若不是在衣索比亞就是阿拉伯，或是在印度，而他從東方前來希臘時，身旁跟著一群異國動物、跳舞的人、半人馬與其他神話生物。（希臘酒神與埃及啤酒女神都是從南方異域前來，還帶著一票會跳舞的人、動物與神靈，相當值得玩味。但或許只是巧合。）

不過，戴歐尼修斯是希臘的神祇。早在西元前一二〇〇年就有文獻提過祂，祂也曾在《伊里亞德》（*Iliad*）露臉，因此到了西元前五世紀，也就是雅典人的古典時期時，酒神已存在了約七百年；這時我們對古希臘的認知，大概都是實際發生過的事。

關於戴歐尼修斯的神話，主要分成兩個類別：

（一）有些故事中提到人類不認識戴歐尼修斯，甚至不知道祂是神。這些人從海盜到王子都有，但命運都差不多——戴歐尼修斯把他們變成動物。故事的教訓還算清楚。在面對酒的時候，別忘了你是在面對力量強大的神聖之物。那不是普普通通的飲料，而是神聖的。不僅如此，若不謹慎，它會讓你暴露出獸性。

戴歐尼修斯一向與動物有關。他靠獅子和老虎拉戰車，常和半人馬與羊人一起出現。他有個人類朋友，名叫西勒努斯（Silenus），但有時候西勒努斯被描繪成有馬耳朵和尾巴。事實上，戴歐尼修斯真正的人類朋友只有「邁那得斯」（maenad）。

邁那得斯是敬拜戴歐尼修斯的女子。她們在拜戴歐尼修斯時，會幾乎一絲不掛到山裡去，而且醉得不省人事。她們會跳舞，披頭散髮，把動物撕成好幾塊，有點像是在人間天堂裡駭人的女子告別單身派對。

邁那得斯是否存在不得而知，有可能和亞馬遜女戰士一樣，只是希臘男性的性幻想。在神話裡，希臘女人過得挺不錯的，但在現實生活中顯然常得待在家裡，供人使喚。當然，她們偶爾會當女祭司。一段西元前二世紀的墓誌銘寫道：

城市的酒神祭司（邁那得斯），說：「再會了，神聖的女祭司。」卓越的婦女配得上這稱呼。她會帶你走進山，帶所有神聖物品與工具，在整個城市的頂上處理。

但僅此而已，而且可能只是不怎麼樣的儀式。邁那得斯不太可能存在，畢竟從現實層面來看，你該怎麼把酒揹到山上？

不過，邁那得斯在第二類戴歐尼修斯的神話中，卻扮演非常重要的角色。

（二）戴歐尼修斯不喜歡滴酒不沾的人。這並不奇怪，只不過戴歐尼修斯之所以是戴歐尼修斯，就是他會殘酷殺害不喝酒的人。最知名的例子就是歐里庇得斯（Euripides）的劇作中，國王設法禁絕邁那得斯，於是戴歐尼修斯讓邁那得斯以為國王是獅子，將他五馬分屍（這群人還是由國王之母率領的）。還有另一則故事，提到奧菲斯（Orpheus）在鄉間漫遊。他的妻子死了，想痛哭一場，但很不幸碰上一群爛醉的邁那得斯，邀請他加入。奧菲斯婉拒，於是又被邁那得斯分屍。

諸如此類的故事不少，結局都一樣。故事意義很清楚：你要明白飲酒是危險的，可能會讓你變成野獸，但你還是應該飲酒。別拒絕派對的邀約。無論如何，都別禁止酒醉。

因此，希臘神話和酒醉的關係既逗趣，又令人提心吊膽。蘇美人認為喝醉酒純粹是歡樂，是對大家友好的活動；埃及人則把它當作是極限運動；希臘人則是後退一步，撚鬚深思。他們提出理論，運用策略；斯巴達人很壞，他們會強迫奴隸在孩子面前喝醉，讓孩子根本不想喝醉；雅典人沒那麼虐待狂，會用哲學的方式，說明你該喝得多醉，以及喝醉時該怎麼表現。

柏拉圖曾說過，喝酒就像運動練身體，起初會表現得很差，痛苦收尾。但熟能生巧。一旦你可以喝很多酒，又能維持一己行為，那麼你就是理想的人。若能在眾人面前展現這一點，等於是昭告世人，你是個理想的人，即使受酒精影響，仍能展現自制的優良美德。

柏拉圖說，自我控制就和勇敢一樣。一個人只有在身處危機時，才能展現勇敢。一個人只有在喝下許多酒的時候，才能展現自我控制。勇敢可以學習，鎮日馳騁沙場，可訓練自己變勇敢。在夜裡喝醉者，可以訓練自己，提升自我控制的水準。

如果謹慎，飲酒之樂一來可以測試，二來可訓練一己人格，還有什麼更靈活、更便宜，或更天真的方法呢？

基本上，柏拉圖認為一個人在喝醉時若還值得信賴，那麼這人無論在何時何地都可信賴。不僅如此，飲酒測試沒有什麼真正的缺點。如果和一個人做生意，後來發現他不誠實，你會損失金錢。但如果你先和他喝個爛醉，就能看出他真正的人格，沒有什麼損失。

這麼一來，可以很合理地下結論：你不能信賴一個滴酒不沾的人。

因此酒醉在希臘是奇怪且細膩的事。你應該喝酒，而且要喝醉，但也要知道自己在做什麼。你應該展現酒醉的美德，在狂風暴雨的酒海中穩穩掌舵。而這個場合，就是會飲。

會飲

假設你是古典時期的雅典淑女，想喝個爛醉是不行的。婦女不可以參加會飲。更精準而言，婦女可以，但淑女不行。會飲通常在家裡的私人房間進行，這房間是「男人房」（andron），那裡的女孩都是奴隸：或許是吹笛子的、或許是跳舞的、或許是妓女，或身兼三種身分。但她不太喝酒；無論怎麼看，她都是娛樂的一部分。

參與會飲的是男性，男人們聚集在某私人住宅，而非酒館。典型的會飲中約有十餘位男性，大型會飲則可能多達三十人，但不多見。一開始先吃飯。這是普通的一餐，眾人默默地快速解決。食物不是重點，只是用來吸收酒。雅典人的優先順序很正確。

用完晚餐，就直接進入男子房。那是位於屋子中央的房間，石造地板略往中央傾斜，方便奴僕在會飲過後清理。牆上有壁畫裝飾，畫中主題通常和飲酒有關；或許有一、兩名邁那得斯，或是一名被分屍的邪惡禁酒者。

房間周圍排了一圈沙發，上頭有軟墊。通常一張沙發可供兩人坐，因此整個房間可坐六到十二人。男人們或坐或臥在沙發上，胳臂下放個枕頭。不過，年輕男孩必須坐正喝酒。一般來說，要到幾歲才能和成年人一樣坐臥喝酒沒有明確規定。不過在馬其頓，只要你宰了第一頭野豬，就可以坐臥。

接下來要選個主持人（symposiarch），帶領這晚的會飲。這個角色幾乎都由這家主人擔任，但若因為某些奇怪的理由換人，則透過抽籤或擲骰子決定。主持人的第一項工作是挑選葡萄酒。這通常來自他自己的私人土地，因為多數雅典仕紳都有自己的葡萄園；雅典的社會階級，就是靠著葡萄園面積而來。最低的是七畝以下，最高的超過二十五畝。

夏天時需要把酒冷卻，方法是放到井裡或埋起來。如果你非常非常有錢，就會用進口的雪和禾稈埋起；如果你非常非常有錢，葡萄酒本身也可能是進口的。最好的酒來自列斯伏斯島（Lesbos）[19]。

葡萄酒裝在稱為雙耳調酒器（krater）的大桶中，由兩名奴隸搬進來。他們接著會在水罐裡裝滿水，倒入雙耳條酒杯中，水酒比例大約三比一。混合好的酒之後放入酒壺，斟到淺淺的雙耳飲酒盅，好讓所有人最後從酒盅裡喝酒。

但事情沒那麼簡單。首先，他們必須先祭酒：把上好的酒灑在地板上敬神。在雅典，會飲一開始就要先祭酒三次：第一次獻給眾神，第二次獻給陣亡的英雄（尤其是祖先），最後一次是神祇之王宙斯。每次獻酒時，主持人都會唸誦禱詞。這時也可能傳遞花朵和香水，等祭酒完成時，人們通常已酒癮大發。

雅典人和我們在喝酒時的最大差異，在於他們是刻意喝醉的。在現代的西方社會，人們通常是不小心喝多了才酒醉。但在希臘會飲上，沒有人是不小心喝醉。喝醉是刻意、有方法、公開的。每個人拿到一盅酒，得在重新斟酒前先把這盅酒喝乾。做不到就是缺乏男子氣概而且失禮。主持人喝，你也喝。

這並不表示，主持人希望每個人都狂飲。他是負責人，可以決定這一晚要緩慢溫和地飲酒，還是放蕩狂飲。重要的是，怎麼喝由主持人決定，而不是賓客。

正因如此，史上多數知名的會飲，都不是真正的會飲。柏拉圖的《會飲》一開始，就是主人抱怨他仍飽受前一晚的宿醉之苦：

19　位於愛琴海東北，為希臘第三大島。

祭酒開始，在歌頌神祇和一般的儀式之後，大家正要喝酒。這時保薩尼亞斯（Pausanias）說，朋友們，我們怎麼喝，才最不會傷害自己？我老實向各位說，我深受昨天狂飲之苦，必須要花點時間恢復。

這促成了一個非常奇特的決定：

大家同意，今天飲酒不是最重要的事，喝到開心就好。

這對雅典人而言可說驚世駭俗，因此柏拉圖得先把理由解釋清楚。飲酒是要「自願的」。真是不文明到了極點，他們還決定，不要有女性吹笛者。

現在可以開始對話了，但過程並非如我們所想的那樣。會飲的賓客不能選擇要喝多少，也不能決定要聊什麼、甚至能不能聊。會飲主持人會指定主題，之後每位賓客就要輪流發表意見。在柏拉圖的《會飲》中，主題是愛。色諾芬（Xenophon）寫過一則類似的故事，主題是「你最驕傲的是什麼？」但在這兩部作品中，賓客都必須以長篇大論來回答。

有些會飲肯定比較低俗，主題是「講黃色笑話」，但形式似乎一樣。我們以為飲酒時對話能自由流動，其實不然，也沒有機會保持沉默。在色諾芬的故事中，有個人嘗試這麼做，惹蘇格拉底相當生氣。當然，隨著夜色漸深，會飲可能愈發不拘謹，但我們還是會覺得會飲這種場合正式得很怪異，就像規則很嚴格的休閒活動。

事實上，雅典人在會飲時確實會比賽，稱為銅盤遊戲（kottabos）。內容是把酒盅裡的最後幾滴酒設法發射出去，命中某個東西。有時候宴會上會拿個銅製標靶來，每個人把自己的酒朝標靶發射。有時標靶是漂浮在鍋裡的碗，目標是把碗擊沉。有時候，標靶是人。聽起來簡直亂七八糟，老一輩的人常抱怨，說年輕人該做些更有建設性的事情。

但如果主持人想玩銅盤遊戲，你也得跟著玩。沒有人確知主人的獨裁會維持多久。然而，葡萄酒可不喜歡有領導者，酒醉偏好民主。當一個人的酒壺空了，他會點另一壺，而最後肯定是一團混亂。劇作家尤波羅斯（Eubolos）如此描述：

我只為理性的人準備三壺酒：一壺是為了健康（第一壺就喝）；第二壺是愛與喜悅；第三壺是為了睡眠。第三壺喝完，有智慧的人就打道回府。第四壺並不屬於我——它屬於不良行為；第五壺喝了會吼叫；第六壺會無禮和侮辱；第七壺會打架；第八壺下肚會打破傢俱；第九壺會憂鬱；第十壺則會瘋狂與失去意識。

瘋狂或許聽起來是個嚴重的字眼，但希臘人確實認為，大量攝取酒精會讓人發瘋。或許他們相信如此，因此確實發生過這種事。歷史學家陶爾米納的提麥奧斯（Timaeus of Tauromenium）曾說過以下這則故事，看似匪夷所思，但希臘人深信不疑：

> 說到這，在阿格里真托（Acragas）有間屋子，叫做三列槳座戰船（the trireme）——有些年輕人在裡頭喝醉，發起酒瘋，以為自己在三列槳座戰船上，被暴風雨在海上拋來拋去；他們完全失去理智，幻想船長下令在暴風雨中要減輕船的重量，遂把所有傢俱、沙發、椅子、床鋪統統扔到窗外，好像扔到海上。一群人聚集到房子周

圍，搶奪扔出之物，但仍無法把這群發瘋的年輕人醫好。隔天，將軍來到這屋子，這群年輕人躺著，說自己暈船；而當地方行政官質疑他們時，他們回答，他們在暴風雨中，處境相當危險，不得不把過多的貨物扔到海上，以減輕船的重量。雖然行政官看見這些男子的迷惘情況不免驚奇，但其中一名看似比較年長的年輕人說：「噢，崔萊頓，我好害怕，所以我躲到椅子下，盡量躲裡面一點。」行政官原諒了他們的愚行，斥責一頓後要他們離去，並警告他們別再喝那麼多酒。而男子們表現出乖乖聽話的樣子，說道：「如果能逃過這可怕的暴風雨，抵達港口，我們會在國家顯眼之處樹立你們的雕像，紀念你們伸出援手，並與其他海神並列，紀念你們適時出現。」這次事件之後，這間房子被稱作三列槳座戰船。

並非所有的會飲都是如此畫下句點。但如果你認為酒會讓人發瘋，那酒就會讓你發瘋；如果你認為酒精會讓你產生幻覺，那你就會產生幻覺。

會飲可能會以其他方式結束。你可能靜靜地回家，或發現在長椅上喝個爛醉的好處，就是能在這裡睡覺。有時候會飲會在歡遊（komos）中結束：眾人跑過街道，大聲喧鬧，刻意吵醒街坊鄰居。色諾芬的會飲結束時，大夥兒興高采烈，搭車回家；柏拉圖的會飲結束時，每個人躺在地上爛醉。只有蘇格拉底例外，他依然清醒。

怪的是，所有的歷史學家和哲學家都同意：蘇格拉底酒量驚人，從不會喝醉。或許他的靈魂特別有秩序，就算醉了之後展現的仍是理性。或許他的肝臟效率驚人。無論如何，他大概是最早因為千杯不醉而受到讚譽的人士之一。

但仔細想來，會因為這個理由而驕傲或開心挺奇怪的。想想看，如果有人吹牛，說麥角酸二乙醯胺（LSD）不會使他們產生幻覺。你可能會覺得疑惑，並客氣問道，如果無法改變他們的意識狀態，又何必服用LSD呢？

不過，酒不一樣。放眼歷史，會看到許多人得意表示，酒對他們起不了作用，他們可能因此受到稱讚，或藉此吹噓。我們會說，他們的腦袋很厲害；我們會表示尊敬、崇拜、聽他們的意見。似乎從來沒有人說：「那你幹嘛喝酒？」

第六章

古代中國：儒家禮儀下的飲而不醉

夢飲酒者，旦而哭泣。

——莊子（約西元前四世紀）

中國的釀酒始祖是大約西元前二〇七〇年的儀狄，他把酒獻給中國第一個世襲朝代的皇帝禹。禹喝了之後很喜歡，但身為明君，他知道酒會帶來可怕的災禍，因此禁了酒，還放逐儀狄。

可惜這故事並不全然正確。早期的中國歷史多屬神話，證據很少。中國文字要到西元前一二〇〇年左右才發明，在此之前都是從考古發現來推測。但我們所確知最早的酒，的確是在中國河南的賈湖遺址所發現的，時間大約是西元前七千年。

禹和儀狄恐怕不存在，但還是值得一談，因為關於他們的傳說，說明古代中國對於酒的態度。這態度大致是：「滿不錯的，但也危險，應屬非法。」

夏朝的亡國君是個有意思的人，叫做桀（據信為西元前一七二八～一六七五）。夏桀是個暴君，因為他太愛喝酒，又有個怪習慣，喝酒時一定要騎在別人的背上，把別人當馬。我想，怪癖人皆有之，但夏桀的問題在於他無時無刻不在喝酒，使底下的臣民不堪其擾。比如有一天他把大臣當馬騎，終於大臣累垮，桀就把他處死。

桀的寵妃妹喜也是個酒鬼。她異想天開，想打造酒池。於是臣民乖乖打造酒池，讓她與夏桀在裡頭划船，周圍是裸男裸女游泳，狂歡縱慾。直到妹喜後來覺得無聊，遂下令三千名男子把酒池喝乾，而當他們溺斃時，她還歡喜大笑。

後來，天災肆虐，促成商湯崛起，打敗暴虐的夏桀，成立商朝。商朝不像夏朝那樣充滿傳說色彩，因為商朝延續至西元前一〇四六年。然而，商朝的文字紀錄仍不可靠。

商朝的最後一位帝王是帝辛（周武王稱之為「紂」，因此後世常稱其為「紂王」），他是個暴君，因為他太愛喝酒。他受到壞心的妻子影響，也挖了酒池，並且荒淫無度，直到又有好人崛起，推翻了他。帝辛和夏桀唯一明顯的差別，就是帝辛的酒池中央有個小島，上面有人造的樹掛著煮好的肉，因此他可以在周圍划船，喝酒配肉。這就是進步。

帝辛或許真有其人，酒池則不然。重點是，中國人認為酒醉能導致王朝覆亡，打亂王國的秩序；而中國人非常注重王國的秩序。

不過關於酒池的故事，仍有幾分真實。考古學家挖出的儀式用青銅酒器數量，在商朝末年陡然下降，暗示接下來的人比較清醒。這些酒器通常在儀式中使用，用來祭拜祖先、和祖先聯繫。如今詳情已不可考，當時的人可能把酒食放在祭壇上，把奠酒灑在地上，而參與者會喝酒，喝到狂喜的宗教狀態，讓古代神靈與他們連結。祖靈也會喝醉，因此儀式結束時會說神靈已醉，表示儀式結束，可以開始吃東西。

西元前一千年早期的《酒誥》相當有趣，提到帝辛是個酒鬼，商朝滅亡正是因為大家都酗酒。

天降威，我民用大亂喪德，亦罔非酒惟行。越小大邦用喪，亦罔非酒惟辜。

《酒誥》也禁酒，只在祭祀時可以使用，因此最後寫道：

厥或誥曰：「群飲。」汝勿佚。盡執拘以歸于周，予其殺。

只是這次禁酒令似乎沒什麼用。古代中國多次頒布禁酒令，多到可確定禁酒令根本無效。正如先前所言，會被禁絕的事都是有人在做的事。禁酒令很多，代表狂飲的情況相當普遍。但重要的是，社會秩序與政治穩定，恰好與無政府狀態的飲酒處於絕對對立的狀態。

中國人的解決方式基本上是儒家的。孔子（西元前五五一～四七九年）是春秋末年的人，曾提出解決之道。當時局勢混亂，殺戮頻傳，人人都想知道如何平天下。孔子認為要講究禮儀。這基本概念是，如果你整天向上級敬禮，久了就會習慣，並認為他們在上位是天經地義。這適用於社會生活的每個層面：只要有足夠的正式禮儀，嚴格執行，人民就會乖順。以現代用詞來說，人民會把外在世界的禮儀「內化」，促成世界大同。孔子對此相當重視，也從不只是說說而已。

若發現孔子想喝多少酒就喝多少，不免感到訝異。但他和蘇格拉底一樣，不會喝醉：

> 割不正，不食。不得其醬，不食。肉雖多，不使勝食氣。惟酒無量，不及亂。沽酒市脯不食。不撤薑食。不多食。

但是其他人就有限制了。有酒食，先生饌；秩序與自制最重要。而孔子所代表的普遍行為中，節制飲酒非常重要。《樂記》也是同時代的著作，上面寫著：

> 是故先王因為酒禮，壹獻之禮，賓主百拜，終日飲酒而不得醉焉；此先王之所以備酒禍也。故酒食者所以合歡也。

只要克己復禮，一切都沒問題，即可像孔子與生俱來的本事一樣，飲而不醉。在飲食手冊中的禮儀，解釋你該如何站、如何向賓客敬酒、大家該坐哪裡、酒杯應該放在左邊、不該移動。這時代的禮儀規範被視為文明秩序的基礎，相當冗長繁瑣。

就算酒沒有遭禁，也多限於儀式場合飲用：儀典、葬禮、繁瑣正式的宴飲。這表示如果想喝個爛醉，方法很簡單。只要到很正式的場合，盡其所能地喝。在孔子之後，出現了與儒家學說分庭抗禮的道家思想。道家莊子就說：「以禮飲酒者，始乎治，常卒乎亂，泰至則多奇樂。」

曾有人抱怨，有些人為了要多喝點酒，便不停造訪葬禮，假惺惺流下一滴眼淚。西元前九世紀，《詩經》就提到無論宴會一開始多正式，最後總會出亂子。這首詩是〈小雅．賓之初筵〉，前半部提到一場宴飲起初多華美、平靜莊嚴，之後卻變了調：

是曰既醉、不知其秩。
賓既醉止、載號載呶。
亂我籩豆、屢舞僛僛。

是曰既醉、不知其郵。
側弁之俄、屢舞傞傞。
既醉而出、並受其福。
醉而不出、是謂伐德。
飲酒孔嘉、維其令儀。
凡此飲酒、或醉或否……
彼醉不臧、不醉反恥……
匪言勿言、匪由勿語。
由醉之言、俾出童羖。
三爵不識、矧敢多又。

據說在遙遠的古代曾一度規定，喝酒超過五杯者將遭處決。可確定的是，漢代統一中國之後，若三人「無故」群飲，則處以罰金（而非處決），而法律亦無規定何事為飲酒的好理由。無論如何，法令難以執行。漢代有個相國叫做曹參，這人無為而治。若有人來勸說，他就請對方喝酒，對方出於禮貌也只能接受。之後再一杯、又一杯，於是他們就忘了前來要說什麼。之後，曹參就回到官吏身邊（他們都已開始胡言亂語），並唱歌給他們聽。

中國的飲酒文化還有一點相當奇特——不區分葡萄酒（wine）與麥酒（ale），一律以「酒」泛稱兩者。這或許在某種程度上表示，古代中國人才不在乎是哪一種酒。這一點和古希臘羅馬人恰恰相反。

第七章

聖經：猶太人與早期基督教的飲酒故事

挪亞在大洪水之後做的第一件事，就是栽種葡萄園。他需要喝一杯並不過分，但接下來的事可就奇怪了：

他喝了園中的酒便醉了。在帳篷裡赤著身子。迦南的父親含，看見他父親赤身，就到外邊告訴他兩個弟兄，於是閃和雅弗，拿件衣服搭在肩上，倒退著進去，給他父親蓋上，他們背著臉就看不見父親的赤身。

挪亞醒了酒，知道小兒子對他所做的事，就說：

「迦南當受咒詛，必給他弟兄做奴僕的奴僕。」

這告訴我們的重要教訓是，一絲不掛、醉到不省人事沒關係，但絕不可以發現別人是這副模樣。你應該很有禮貌地別開雙眼。由於這個教訓實在太奇怪，因此學者往往認為，這段文字遺漏了什麼。有些生性多疑的學者指出，含可能不只看他父親裸身，應該還做了別的事。

他們的懷疑也符合聖經裡接下來的酒醉案例。幾章之後，羅德和兩名女兒住在山中。兩個女兒擔心遇不到好丈夫生孩子，遂等到父親醉倒，與他性交（很奇怪的解決方式）。不過在這兩個例子中，都沒提到不省人事的父親何過之有，錯是錯在孩子太頑皮。

舊約聖經對於酒醉的觀念特別寬容，令清教徒與潑婦大感不滿。酒（永遠是葡萄酒）只是上帝賜予的眾多好物之一，就像穀類、油與和平一樣。有錢人都有榨酒器。人們會喝酒、會酒醉，只要他們的孩子乖乖的，就什麼事也沒有。當然，有時聖經會出現對於過度飲酒的警告。其中最嚴格的應屬〈箴言〉：

誰有禍患？誰有憂愁？誰有爭鬥？誰有哀嘆？誰無故受傷？誰眼目紅赤？
就是那流連飲酒、常去尋找調和酒的人。
酒發紅，在杯中閃爍，你不可觀看，雖然下咽舒暢，終究是咬你如蛇，刺你如毒蛇。
你眼必看見異怪的事；你心必發出乖謬的話，
你必像躺在海中，或像臥在桅杆上。
你必說，人打我，我卻未受傷，人鞭打我，我竟不覺得。
我幾時清醒，我仍去尋酒。

這是史上對於酒醉最美的描述。首先是提問，之後發展成一首詩，最後以在船上桅杆的逗趣想法收尾。以色列子民從來就不是水手，因此海洋看起來總是駭人。這整個段落之所以可愛，是因為在許多年後，安達魯西亞的猶太人把這段文字變成了飲酒歌。

幾章之後，〈箴言〉又回到這個主題：

> 利慕伊勒啊，君王喝酒，君王喝酒不相宜；王子說濃酒在那裡也不相宜；
> 恐怕喝了就忘記律例，顛倒一切困苦人的是非。
> 可以把濃酒給將亡的人喝，把清酒給苦心的人喝，
> 讓他喝了，就忘記他的貧窮，不再記念他的苦楚。

依據翻譯版本不同，有時候王子不得飲用的「濃酒」會寫成「啤酒」，但這可能是錯的。希伯來文的原文是「sheikhar」，似指一種渣釀白蘭地，或是異常烈的葡萄酒。以色列人住在完美的葡萄園鄉間，似乎從沒想過可以釀造啤酒。

相反地，酒是一種商品、生活的事實，也是苦難者的慰藉。舊約聖經提到酒大約兩百次，幾乎所有的敘述都是中性的。有個不有趣卻典型的例子，是來自《申命記》：

> 他必愛你，賜福與你，使你人數增多，也必在他向你的列祖起誓應許給你的地上，

賜福與你身所生的，地所產的——你的五穀、新酒和油，以及牛犢、羊羔。

酒只是農場上的另一種產物。但這不表示，在古代耶路撒冷喝酒就不成問題。我們已經很熟悉酒的比喻應用，如果把所有的類比放在一起，就能了解以色列人喝醉的樣貌。

> 他們搖搖晃晃，東倒西歪，好像醉酒的人……（《詩篇》）
>
> 坐在城門口的談論我；酒徒也以我為歌曲。（《詩篇》）
>
> 耶和華使乖謬的靈攙入埃及中間；首領使埃及一切所做的都有差錯，好像醉酒之人嘔吐時東倒西歪一樣。（《以賽亞書》）
>
> 那時，主像世人睡醒，像勇士飲酒呼喊。（《詩篇》）

走路東倒西歪、唱歌、嘔吐、睡著——看起來還算熟悉。哈巴谷（Habakkuk，十二先知之一，也是《哈巴谷書》的名稱由來）卻提到不太尋常的情況。他在描述西元前七世紀晚期的希臘外交政策時，聲稱他們的行為像這樣：

你請鄰舍喝酒，卻把毒物混入，使他醉倒，為要見他赤裸的，有禍了！

你滿有羞辱，沒有尊榮，你也喝到露出下體來吧！

這確實令人驚訝。另一個透露出猶地亞人酗酒和我們不太一樣的細節，則來自《耶米利哀歌》，這位先知哀悼耶路撒冷的摧毀，以及不能再飲酒：

那時，他們（指孩童和吃奶的）在城內街上發昏……在母親的懷裡，將要喪命；對母親說：「穀、酒在哪裡呢？」

這一段至少可以看出，人們在年紀很小時就開始喝酒，雖然也有可能只是詩中這樣寫罷了。

最後，在舊約聖經裡沒有提到酒館，一次都沒有。人們肯定喝酒，因此可以假定他們是在街上喝酒，或是在家裡和赤裸的鄰舍喝酒。

倒是有一群猶太人不喝酒。拿細耳人是一群神聖的人，他們禁止喝酒，不准剃髮，最知名的就是參孫。而在新約聖經裡，至少還有一名拿細耳人。

飲酒與早期基督教

新約聖經中的飲酒，主要圍繞著三個人物而來：施洗者約翰、耶穌與聖保羅。約翰明白指出，道就是神、耶穌為世界帶來新的視野，聖保羅則負責行政與後勤。我一向替聖保羅感到遺憾，他像是作戰日（D-Day）的打飯班，雖不可或缺，卻沒什麼英雄色彩。

施洗約翰是禁酒者。根據路加福音，他母親在他出生之前，就讓他當了拿細耳人，似乎很壞心。他當然符合拿細耳人的描述，在曠野中生活，遠離最近的酒館或理髮廳。

無論某些稀奇古怪的理論家怎麼想，總之耶穌不是拿細耳人。耶穌就是在喝酒時展開了他的職業生涯。那故事挺簡單的。他來到一場婚禮，便宜的酒喝光了。於是耶穌把水變成了酒，大約有一百二十加侖那麼多。這葡萄酒美味極了，而婚宴統籌人不知酒從哪來的，就讚賞主人：

人都是先擺上好酒，等客喝足了，才擺上次的，你倒把好酒留到如今！

學者老是喜歡為了這段話爭論。有些人認為，這段話說明了當年的婚宴究竟如何安排，但有些人持相反看法[20]。有人認為整篇故事是一則寓言，原本喝完的酒代表舊的猶太信仰，新的酒更好、更多，代表的則是基督教。但究竟如何並不重要。重要的是，早期基督教把葡萄酒視為好東西，而且好得無與倫比。耶穌提供了一百二十加侖可是奇蹟，應該大肆頌揚。沒有跡象顯示，或許賓客應該冷靜下來，早早回家。這很重要。

要指出的是，在古代，把水變成酒算是滿知名的奇蹟。戴歐尼修斯總會設法點水成酒，甚至有幾項紀錄提到，他的神廟在節慶時，泉水會湧出酒的神蹟。不過，我們倒是知道其中一例是如何辦到的。在希臘科林斯（新約聖經又稱為哥林多）的戴歐尼修斯神廟中，有條祕密通道能連接水源；因此狡詐的祭司可偷偷爬到裡面，堵住水流，倒入酒來代替。這是因為，耶穌雖是真正的神，戴歐尼修斯則假裝是神。這也很重要。

耶穌不會成為另一個約翰。事實上在《馬太福音》第十一章，耶穌清楚說到：

> 約翰來了，也不吃也不喝，人就說他是被鬼附著的；人子來了，也吃也喝，人又說他是貪食好酒的人，是稅吏和罪人的朋友。但智慧之子總以智慧為是。

耶穌在他的一生中似乎有重度飲酒者的名聲。這個稱呼是否得當，不得而知。但他為自己辯護，倒是挺有意思的。而他的辯護之詞被認為夠重要，因此收進了福音書裡（這一段也出現在路加福音）。因此，早期的基督教徒肯定認為他們有必要辯護。

這可能和最後的晚餐有關係。在早期基督教，最重要的儀式是來自共同飲酒，或稱為聖餐。耶穌喝葡萄酒，要求信徒跟著喝。保羅寫信給哥林多人時，這儀式就已存在：

20 這段話究竟是什麼意思？聖經研究者布特曼（Bultmann）與溫迪希（Windisch）主張，酒都是留到婚宴的最後，因此這行很重要；山德斯（Sanders）不同意，認為這只是說笑；巴瑞特（Barrett）與林德斯（Lindars）則不那麼肯定。

（主耶穌）飯後，也照樣拿起杯來，說：「這杯是用我的血所立的新約，你們每逢喝的時候，要如此行，為的是紀念我。」

問題是，在同一章提到，大家會在聖餐時喝醉。他得指出，聚會是為了喝酒，但不是喝醉，這對於哥林多人來說肯定很震撼。

一旦開始細探，就會發現飲酒問題在基督教早期很普遍。可憐的使徒到外頭為新宗教傳好消息，而這新宗教要你喝酒。但人們似乎有錯誤的印象。《使徒行傳》一開始就是在五旬節時聖靈降臨，門徒聖靈充滿，開始使用各地方言說話。眾人聚集過來：

眾人都驚訝猜疑，彼此說：「這是什麼意思呢？」

還有人譏嘲說：「他們無非是新酒灌滿了。」

可憐的聖彼得只好跳出來解釋：

猶太人和一切住在耶路撒冷的人哪，這件事你們當知道，也當側耳聽我的話。你們想這些人是醉了，其實不是醉了，因為時候剛到巳初。

仔細想想，酒很可能成為一根完美的棍子，棒打早期基督教。這奇怪的新教派很容易變成笑柄，遭諷為一群醉鬼，是戴歐尼修斯崇拜的猶太版本。異教徒沒這麼做，才令人驚訝呢。這也能解釋為什麼保羅比聖經裡的其他人更努力，不斷寫信告訴別人不要喝醉或停止喝醉。保羅是擔心基督教的名譽。

不過，新約從未表示該完全禁酒，反而提到，「因你胃口不清，屢次患病，再不要照常喝水，可以稍微用點酒。」基督徒永遠不可能完全禁酒，最後的晚餐就說明這一切。那一口葡萄酒改變世界歷史、世界經濟與遙遠國度的飲酒習慣。聖餐需要葡萄酒，因此無論基督教傳到哪裡去，基督徒都得帶葡萄藤過去。這使得約克郡的改信很困難，而冰島更是噩夢。

第八章

羅馬的盛宴：共和與帝國誕生

共和時期

早期的羅馬是很嚴肅、沒有醉鬼的地方。在共和國的鼎盛期（西元前兩百年左右），大家鬍子理得乾乾淨淨，剃著軍人小平頭，很愛喝水，還建立了壯觀的引水道，確保永恆之城隨時有水。他們也喝葡萄酒，但喝得不多。羅馬人有自己的酒神，叫做利伯（Liber，意為自由者），不過不太重要。他是穀神瑟雷斯（Ceres）之子，似乎和自由言論有關。早起羅馬人會對酒醉者板起臉孔，表達不悅。酒醉令人聯想到蓄長髮、留鬍子、奢侈的希臘人，也是羅馬人急於劃清界線的對象。

女人喝的酒甚至比男人還少。西元一世紀有本史書《值得紀念之事蹟》（*Memorable Deeds*），就記錄一則有教化意義的故事：

> 伊格納修斯・梅特魯斯（Egnatius Metellus）拿短棒打死妻子，因為她喝了點酒。不僅沒有人控告他犯罪，甚至沒有人責怪他。眾人咸認此為最佳範例，展現違反不醉之法的適當懲罰。的確，任何女子不節制用酒，會關上所有美德之門，並開啟邪惡之門。

據說羅慕路斯[21]規定，任何女性若飲酒被逮，應處以死刑，這樣看來，伊格納修斯只是走捷徑而已。婦女都要親吻親人，這樣親戚才能聞得出她們是否喝酒。早期羅馬人對這事情的態度，可用一句諺語總結：「夜晚、婦女與酒，乃三大壞事。」這些事情都能解釋西元前一八六年的特殊事件。

一名希臘人（想必有大鬍子）把戴歐尼修斯的崇拜儀式（現在他改名為巴克斯（

Bacchus」）引進義大利，還把巴克斯的奧祕透露給一群婦女，於是她們成為祕密儀式的崇高女祭司，這新的祕密儀式中，參加者清一色為女性，一起唱歌、跳舞、喝酒。她們是巴克斯的女祭司（Bacchae），其實就是邁那得斯。

這啟人疑竇的儀式實在太巧了，每個元素都是羅馬人不信任的：夜晚、婦女、酒、蓄鬍的希臘人合而為一。羅馬當局當然相信**有事情**在進行，且確實有此可能。無論如何，雖然這神祕儀式起初嚴格限制女性參加，但根據古羅馬歷史學家李維[22]指出，「這是所有劣行的根源。」女祭司開始邀請男子加入，想必是要放縱淫樂。不過，這是希臘人崇拜的祕儀，「由男人與男人帶來的汙穢，比男人與女人帶來的更不潔。」現在，具有美德的羅馬人所討厭的事物，又加上了同性戀這一項。他們會犯下所有可能的罪行：

> 他們酒酣耳熱，男女在夜裡混雜在一起，年輕與年長的都已完全拋棄節制，展開各種放蕩之舉；眾人以最方便的逸樂，滿足一己的慾望傾向。這些劣行不僅限於男女雜

21 Romulus，約西元前七七一～前七一七年，羅馬神話中的羅馬市奠基人。
22 Livy，蒂托．李維（Titus Livius），約西元前六四～西元一七年。

交；作假證、造假封印與偽證、假資訊，都來自同樣的源頭，正如家族中毒與謀殺，甚至找不到屍體埋葬。

聽起來很有意思，但是元老院完全不欣賞。祕儀甚至引發元老想像出來的道德恐慌。祕儀可能是小小的祕密宗教，參加者與不道德的行為卻被誇大到難以相信。不過鎮壓手法卻是真實、嚴肅又殘酷。

舉報祕儀成員可獲得獎賞，最後共有七千人遭到逮捕；這些人逃的逃、自殺的自殺，大部分被處決。羅馬人真的不喜歡酒醉。

後來，羅馬人成立帝國，一切改觀。

帝國

羅馬帝國基本上是一套系統，讓世上所有的財富流入一座城市，造就堪稱史上最富有的都市。財富讓人腐敗，龐大的財富帶來龐大的樂趣，後果就是所有小學生都學過的：墮落。羅馬人對葡萄酒的喜好開始勝過水，甚至開始讓女性同胞嚐一些。之後，他們讀希臘的書，發現其實還不錯。於是他們認為，應該試試同性戀，結果風靡一時。等到一世紀中期，西元前一八六年時凶巴巴的元老們早就進墳墓了。

那麼，要如何享樂？羅馬的財富碰到了問題：雖然錢多多，卻掌握在社會最頂端，而且很慢才流下來。如果你想要一點財富、一點酒，你得幫自己找個贊助者，仰賴他們過活。聽起來很像寄生，某方面也確實如此，只不過都是公開的。有富裕的贊助者，也有諂媚的依附者。人人都知道是怎麼回事。只要你準備好出賣自己的尊嚴，就能吃好料、喝好酒。這個系統的中心元素就是饗宴（convivium）。

並不是人人都喜歡這個系統。羅馬詩人尤維納利斯（Juvenal）曾問：「難道一頓晚餐，就值得讓你飽受這般屈辱？你的飢餓有這麼迫切，致使你得付出更大的尊嚴，在你所處的地方顫抖，吃下骯髒的狗糧碎屑？」

多數人會說，是。

首先，你得先找到邀請函。這還不算太難。羅馬有錢人每天晚上都會舉辦晚宴，廚房與餐廳隨時都在備妥的狀態。你不一定要認識有錢人。雖然每個贊助者都有固定的一群食客，但還是會沒來由地邀請別人。你可能是朋友的朋友的朋友。只要你能出現，準備好拍馬屁，就可能在街上獲得邀請。

羅馬人黎明即起，一天很早就開始。理想狀況下，你會在午後獲得邀請，這是一般人去公共澡堂的時間。如果沒有受邀，公共澡堂是個臨時獲得邀請的好地方。你只要到處徘徊，看起來很好相處，最好英俊瀟灑，設法和看似重要的人搭話。一旦你確知當天可以酒足飯飽，那麼公共浴場就能讓你好好準備。

在饗宴之前，羅馬人會坐在蒸氣室，多失去水分一點，這樣才能喝多一點。聽起來很怪，但這就像我們會做點運動，好增加食欲一樣。根據老普林尼的說法，有些羅馬人根本等不到去饗宴。

> 有些人根本等不及坐在宴飲的長椅座位上。不，他們連上衣都來不及穿，還赤裸裸地喘氣，一離開澡堂，就抓起裝滿酒的大酒杯，炫耀自己的能力狂喝起來，喝個精光，害自己馬上嘔吐。他們會重複個兩、三次，目的好像只是要浪費酒，好像這烈酒不能沒經過人體就被倒掉。

嘔吐可不稀奇，據傳羅馬人在每次喝酒之間，還會到特殊的「嘔吐室」去吐。這不是真的，但他們確實在宴飲之前先嘔吐，即使沒有特殊的空間讓他們吐。

對現代的飲酒者來說，前往羅馬宴飲可能很不愉快、不舒適。希臘會飲的參加者彼此是平等的。雖然有主持人，但只是掛名的領導者，最後希臘人還是喝同一壺酒，而且聚集一堂的都是男人（也只限男人）；羅馬饗宴不是為了歡樂，而是為了炫耀，宣示誰的地位最高，誰又在最底層。來這裡不是為了找樂趣，而是得知自己的地位，討上面的人歡心，並鄙視底下的人。

這是透過座位安排、奴隸、酒的質與量、食物、酒器與酒拋棄到何處來達成的活動。接下來依序說明。

座位安排

餐廳裡有張大大的餐桌。其中一邊是空的，要讓源源不絕的奴隸端上裝得滿滿的盤子，以及收走空盤。另外三邊都有一張長椅，每張長椅上坐臥三個人——羅馬人喜歡躺

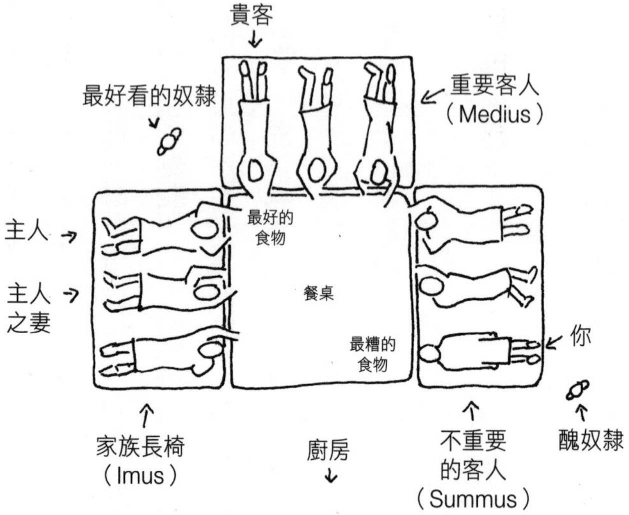

著喝酒。如果從奴隸的角度來看，左邊的長椅是主人及其家族使用，主人會離你最遠；中間的躺椅留給重要賓客，最重要的客人在左邊，和主人坐在同一個角落。最好的食物與最好的酒，都是保留給桌子的這個角落。

右邊的長椅是給地位較低的客人，而最不受重視的賓客靠你最近。這個桌子角落和主人及其朋友呈現斜對角，可能擺著次等酒與食物，給明顯比較次等的賓客。

如果你坐在這裡，你顯然不那麼受歡迎，當然也不會獲得重視。主人是在告訴你，他才懶得鳥你。但你還是得道謝。這就是饗宴的重點。有些故事就提過，部分賓客受邀的原因是要他們坐在最低下的位置，受到冷落，當作公開羞辱。

整間房子爬滿爬行的奴隸。他們得用爬的，不然會挨鞭子。主人會在賓客前面鞭打奴隸，展現權力。最長、最清楚的宴飲描述，來自佩特羅尼烏（Petronius）的《愛情神話》（*Satyricon*）。在這作品中，財大氣粗的主人崔瑪奇歐（Trimalchio）[23]就不停威脅奴隸，示意要鞭打他們。他半是玩笑，半是認真。饗宴尚未開始時，有個奴隸因為小小的疏忽，哭著懇求他手下留情。這奴隸很感恩，承諾會給他們最好的酒；說來奇怪，奴隸也有些權力。貴的奴隸可能還看不起可憐的賓客。

羅馬人和奴隸的關係，在我們看來實在是怪異得難以置信。有仗勢欺人、有討價還價，也有愛——或至少是性，而性往往有意無意會演變成愛。許多奴隸得到自由，因為有智慧的人比較適合當事業夥伴，而不是財產。所以我說奇怪。不過在當時的世界裡，大家都接受奴隸的概念，只要自己站對邊即可（基督教徒例外，他們是真的很詭異）。

但是在饗宴中，每個人都會有專屬自己的奴隸，這個人只幫你斟酒，不服侍別人。

23 費茲傑羅（F. Scott Fitzgerald）《大亨小傳》（*The Great Gatsby*）原本暫定的書名是《西艾格的崔瑪奇歐》（*Trimal-chio in West Egg*）。

因此問題是，今晚分配給你的奴隸如何？羅馬人是依照外貌幫奴隸分級，最美的（或許是個中東男孩）會服侍主人。隨著賓客的重要程度遞減，奴隸的美貌程度也遞減，不重要的賓客分配到醜奴隸。如果你是在第三張長椅上的第三名客人，尤維納利斯告訴我們，你的酒「會由蓋圖里（Gaetulian）馬伕交給你，或由非洲黑人瘦骨嶙峋的手端給你——你可不希望在半夜行經多山的拉丁大道紀念碑時碰到他們。」

酒的品質

羅馬人是愛酒愛到惹人厭的民族。他們會為了精準說明酒的產地，滔滔不絕個老半天：哪一處山坡、哪一種葡萄，而最重要的是年份。羅馬人最重視的莫過於酒的年份，最好的酒已有百年。有沒有人測試過並不重要，或者哪種葡萄是否愈陳愈香也不重要。羅馬饗宴講究的不是樂趣，而是炫耀。陳年佳釀會印上當時掌權的執政官名字（每年都會改變），但老酒的封印多半是假造的。最後，羅馬人會把酒與熱水混合，熱水來自餐廳角落類似茶炊的裝置。因此，要分辨好酒的成熟滋味格外困難。

但這不重要，這裡講究的是階級。如果你是第三張椅子的第三位賓客，你根本連喝一小口主人牛飲的飲料都別奢望。你只能用聽的。你得聽關於他的酒的年份與產地等長篇大論，但你只喝得到二流的便宜酒。這不需要任何掩飾，也絲毫不尷尬。你還得點頭，表示懂得鑑賞。

酒杯

主人可能用金杯甚至玻璃杯喝酒。近來羅馬的玻璃產業大有進展，沒有人確定其價值是否超越貴重金屬。無論你拿哪一種，主人總是拿最高級的，你拿最低等的。他拿金杯，而你呢，尤維納利斯說「絕不會把黃金杯交給你，就算有，也會有個人在杯子上盯著你，算上頭的寶石，並留意你尖銳的指甲。」不過你更有可能拿到的，是「有裂痕和四個開口的杯子」。

24 Cicero，西元前一〇六～前四三年，羅馬哲學家、政治家、作家與雄辯家。

但別忽略杯子的重點：容易擲出的程度。羅馬饗宴會延續到深夜，當時羅馬人尚未完全失去軍人的心態。他們喝醉會生氣，生氣時就會把酒杯扔向他們不喜歡的人。西塞羅[24]的兒子把高腳杯扔向阿格里帕（Agrippa，為了複雜的榮譽）；崔瑪奇歐的妻子把杯子扔向老公（他當時和奴隸男孩親吻）。

最後一點就是理論家在看待羅馬饗宴時，發現比希臘會飲略勝一籌的特色：女人可以參與。這可是平等的重大時刻。塞內卡[25]就指出，婦女「留到深夜，喝一樣多酒；她們靠著扭打與愛撫來挑戰男人；她們也同樣在胃不舒服時嘔吐，把所有酒又吐出來；她們在咬冰塊時不讓鬚眉，可緩解灼熱的消化道。」羅馬饗宴結束時似乎和開始時一樣，都是嘔吐，有始有終。

其實羅馬饗宴乏善可陳。這饗宴粗俗、小氣，展現富人的權勢，以及窮人的寄生。幾乎每一名羅馬作家都瞧不起饗宴，以至於很難明白為什麼總有人參加。

讚頌羅馬宴飲的主要作品只有一篇。那是詩人賀拉斯（Horace）之作，而且他是主人。不過，雖然我只是要得到正反兩面的論點，才不致顯得偏頗，但賀拉斯的飲酒宴聽起來確實還可以，即使他一開始寫道，他只端上小份的素食餐點。他繼續談自己端上的是怎樣的酒（所有羅馬人都談），但他還讓這饗宴聽起來很宜人。他的邀請函內容中，寫出了羅馬人對於酒醉少見的讚賞：

酒醉能產生奇蹟，
打開祕密，充滿希望。
讓群眾勇敢，
沖走焦慮。
流動的酒讓詩靈動，
解放窮困卑下之人。

賀拉斯保證，餐巾是乾淨的。他也提到，隔天是公共假日，大家可以睡飽。饗宴會在午夜後結束，賓客會走在羅馬沒有路燈的街道上回家。隔天早上，羅馬飲酒的最後階

25 Seneca，約西元前四～六五年，哲學家、政治人物與作家。

段會迎接他們——和我們一樣宿醉。老普林尼給出了一段很好的描述：

酒鬼從未見過東昇旭日，他的飲酒人生使一切短暫。酒也有了黯淡的色彩，垂下的眼瞼、發疼的眼、顫抖的手，無法穩穩拿著斟滿的酒杯，在難以休息的夜裡，復仇女神鼓動的睡眠是種適當的懲罰，還有酩酊大醉的大獎賞，亦即夢見獸慾與禁忌之喜。隔天的呼吸有酒桶的臭味，幾乎事事遺忘，記憶力完全消除。這就是他們所稱的「把握這一刻」；其他人失去過往的日子時，飲酒者已失去未來的時光。

第九章

黑暗時代：沒有啤酒才喝水

說也奇怪，羅馬葡萄酒的征服範圍竟然比羅馬軍隊還大。羅馬軍隊進入日耳曼尼亞，來到條頓堡森林（Teutoburg Forest），全軍覆沒，再也沒回來過。但羅馬葡萄酒進入了日耳曼地區，來到條頓森林，本地人飢渴暢飲，想喝更多。

當地人非常飢渴。想像一下有一群原始的日耳曼人，一整年都在舉行很陽春的啤酒節，大概就對這情況略知一二。

一天一夜的狂飲並不丟臉。他們和每個飲酒的人一樣會發生口角，拳腳相向，鮮少只是辱罵，通常會受傷掛彩。

這是羅馬歷史學家塔西佗[26]的紀錄。他還說，日耳曼人在做政治決策時，完全是爛醉如泥，並認為這樣才誠實：

然而，他們通常會在饗宴上和敵人談和、聯姻、選酋長，甚至討論戰爭與和平。因為他們認為，在饗宴上，心靈對單純的目的最開放，也更愛好高尚的理想。這種族沒有天生或後天的狡詐，會在節慶中自由揭露隱藏的思想。因此各種想法都會被探索，開誠布公，而隔天會再重新討論，兩種場合各有好處。他們會在沒有掩飾力量時沉思，在不犯錯時解決問題。

現代政治實在應該採用這種政策，這樣電視訪談會更有趣。這當然是「酒後吐真言」的極致。如果政治充滿謊言與騙子，而酒能讓人說真話，那麼灌大家一堆酒（真理的母親），豈不是很合理？這是有道理的，就像中國人與印度人認為統治者絕不該喝醉也是有道理的。採用這種方式無疑可能會引發更多戰爭，但至少知道原因何在。

塔西佗也提到，日耳曼人雖然自己釀啤酒，也會進口羅馬葡萄酒，還用羅馬的金酒杯喝羅馬酒。我們會知道這一點，是因為野蠻人的國王喜歡以最昂貴的酒器陪葬。他們相信身邊會需要這種酒杯，才能在永恆中和他們崇拜的奇奇怪怪神祇狂飲。當然，他們的如意算盤打錯了，因為現代考古學家很沒品，把他們挖出來，拆散了他們與酒器及神祇。

羅馬帝國衰微、失敗、瓦解了，但葡萄酒貿易並未中斷，繼續供應著愛喝葡萄酒的汪達爾人（Vandal）與愛喝啤酒的哥德人（Goth）。問題是，這些人一直處於野蠻狀態，未對飲酒習俗寫下隻字片語。我們只能略瞥見一二，但光芒很快熄滅。這就是黑暗時代。

我們確實瞥見的一眼，是五世紀出身希臘的羅馬外交官普利斯庫斯（Priscus）所寫

26 Tacitus，西元五六～一二〇年，羅馬帝國執政官、元老、知名歷史學家。

下的。普利斯庫斯在西元四四八年曾與匈人（Hun）皇帝阿提拉（Attila）一起晚餐。這是一場外交任務，因為有人偷了阿提拉珍貴的羅馬飲酒杯，阿提拉相當惱火，除了要回酒杯，還與酒杯的新主人見了面，一位叫做西凡納斯（Silvanus）的羅馬人，然後殺了他。

普利斯庫斯被派去安撫這位史上最暴力、最令人聞風喪膽的統治者；在等候一會兒之後，他在三點鐘時受邀到阿提拉最大、最喜歡的房子參加宴飲。

他被帶進一間大廳堂，桌子沿著牆壁排列。阿提拉的桌子在中間，床就在後面的平臺上。這位好戰者的周圍是與他最親近的家人，看起來並不開心。阿提拉的長子很害怕父親，只敢盯著地上。其他賓客依照年長順序，沿著房間周圍坐，右邊的階級比左邊高（和羅馬饗宴一樣）。普利斯庫斯的桌子在左邊的最後方。

每個人都得到一杯酒，依照習俗，喝一小口之後，在位子上坐下。接著開始敬酒。

待眾人就坐，斟酒人過來給阿提拉一只藤木酒盅，他拿起之後，和地位最尊貴的賓客敬酒。這人恭敬起身，必須等阿提拉喝點酒或喝乾之後、把酒杯交回給侍者，他才能坐下。賓客拿起酒杯，以同樣的方式敬他，並在敬酒之後啜一口酒。在阿提拉的專用斟酒者離開之後，一名侍者依照嚴格的順序進行。當第二個賓客與其他人依序敬酒之後，阿提拉按照我們的座位順序，招呼我們。

這一定花了很長的時間：冗長的形式兼有恐怖、無趣與討厭的座位規畫，和現代婚禮一樣。最後食物端上來，大家開始吃吃喝喝，享受一番。只有阿提拉例外。他從來不笑，只和他嚇壞的家人坐著，看著所有的賓客吃銀盤子上的東西，自己則吃裝在木盤上的東西。

之後，有個發瘋的斯基太人與摩爾侏儒被帶上場，開始搞笑，人人都捧腹大笑，只有難搞、野蠻又矮小的阿提拉依然繃著一張臉。夕陽西下，火把點上，普利斯庫斯明白這天晚上完成不了任何事，「整個晚上幾乎都耗在宴會，之後我們離開，不願再喝酒。」

普利斯庫斯回到君士坦丁堡寫歷史書，而阿提拉死於流鼻血。

修士飲酒

野蠻人在歐洲到處出沒，令人不堪其擾。他們愛酒，卻不清楚酒是怎麼製造的。以前在遙遠的大草原時，他們會製作一種有趣的飲品，叫「馬奶酒」（kumis），是用馬奶發酵製成，可以邊遷徙邊製酒。當他們短暫停留時，則可用穀類製作麥酒。但釀製葡萄酒需耗時多年，悉心栽培葡萄園，野蠻人不懂。因此他們會出現，喝光葡萄酒，把葡萄園燒掉，卻搞不清楚怎麼沒有葡萄酒可喝了。他們心情很差，騎上馬到另一座城鎮，重蹈覆轍。

整體而言，無辜的旁觀者時運不濟，許多人決定不再忍受。這在某種程度上，促成修道院的發展。

修道院是寧靜的地方，由於遠離城鎮，比較安全。一旦說服野蠻人成為（名義上）的基督徒，那麼基督教修道院（表面上）就是個安全的地方，可以坐下來放鬆，喝個爛醉。

這股趨勢是在六世紀時，由聖本篤（St. Benedict）開啟。他建立幾間修道院，並著手寫下規則。本篤是個明智的人，因此這些規則並不嚴苛。第四十條規則使得飲酒完全無法禁止。

人人皆有上帝給予的獨有天賦，有人是這樣，有人是那樣。因此，規定他人的飲食是有疑慮的。不過，考量到較弱的弟兄需求，我們認為一天一赫明納[27]的葡萄酒，對每個人來說是足夠的。但那些上帝賜予禁酒力量的人，應該知道他們會得到特殊的獎賞。

一赫明納的酒大約就是現代的一瓶酒，或許少一丁點兒。我知道你在想什麼——怎麼可能足夠？要是天氣很熱怎麼辦？要是口渴怎麼辦？要是你做了些蠢事（例如運動），需要喝酒怎麼辦？難道聖本篤是怪物嗎？

不是。聖本篤是善良體貼的人，早就把這些事列入考量。因此這規則還沒完：

27 hemina，約二七三毫升。

如果考量不同地區、工作、夏天燠熱等情況發生，需要更多酒，那麼上級應該運用判斷，時時確保不會有飲酒過量或酒醉的情況。

你的選擇只有加入本篤修道院，或是留在家裡，任由每個路過的西哥德人（Visigoth）人掠奪。無怪乎修道院蓬勃發展。這並不是因為本篤認為修士必須喝葡萄酒，或喝酒值得讚揚。

我們讀到，確實，葡萄酒絕非修士的飲料；但既然無法說服現時的修士做到這一點，讓我們至少同意喝少一點，而不是喝到飽足，因為「酒可以讓有智慧的人崩潰」。

其他修道院對於酒的分配量沒說得那麼清楚，但從規定來看，酒顯然是喝得到的，只要不喝醉即可。如果喝到站不起來，無法歌頌詩篇，就會受到嚴懲。最極端的懲罰是六十天的禁食，但這只有在你爛醉到把聖餐吐出來才會發生。本篤顯然知道，沒有酒，就會有麻煩。因此四十條規則的最後如此寫道：

但如果這地方的環境無法供給上述的量，而且少得多，或是完全無法取得，那麼住在那裡的人就祈求上帝賜福，不要抱怨。最重要的是，要諄諄告誡他們，不要抱怨。

當然會有人抱怨。黑暗時代的修士與民眾都需要酒，否則只能喝水。水需要良好維持的水井，最好有引水道，但這需要有效率的組織、政府及黑暗時期所缺乏的一切。少了這些條件，最好的水源就是最近的溪流，而對於並非住在高山區的居民來說，溪流多半汙濁。

從最近的溪流所汲取的水很少透明清澈，幾乎可確定含有恐怖的東西，例如蟲子、水蛭。有一本盎格魯薩克遜的書，提出吞下可怕東西時的療法：立刻喝一點熱的羊血。這告訴我們兩件事：（一）水很噁心；（二）但人們有時還是得喝水，因為你可能口渴，買不起更好的東西。一般盎格魯薩克遜人對這件事的態度，可從修道院院長艾弗里克（Abbot Aelfric）的名言看出：「有麥酒就喝麥酒，沒有的話就喝水。」

艾弗里克愁苦道，對一般英國僧侶而言，葡萄酒太珍貴。相反地，普通配給是一天只有一加侖麥酒（節慶時會多一點）。盎格魯薩克遜的修士和義大利的弟兄一樣爛醉。

的確，七九三年英格蘭東北的林迪斯法恩（Lindisfarne）的修道院遭到掠奪之時，一位名叫阿爾昆（Alcuin）的修道士寫了一封信給活下來的僧侶，語重心長地說，他們咎由自取，因為他們「喝個爛醉，祈禱時口齒不清」。這可能是實話實說，而不是打趣。

但別忘了，盎格魯薩克遜之所以存在，正是因為狂飲。故事說到，在五世紀時，肯特有個驍勇善戰叫沃蒂根（Vortigern）的人，他遭到皮克特人（Pict）攻擊，於是邀請兩位薩克遜人（Saxon）共同對抗。這兩人是漢吉斯（Hengist）與霍莎（Horsa），漢吉斯還帶了個正妹女兒，和眾人一同宴飲。

> 沃蒂根在這皇家宴飲中酒足飯飽。接著姑娘從房間裡走出，拿著裝滿葡萄酒的金杯，走到國王身邊，跪下來說：「大地之王，祝你健康！（Laverd King, wacht heil）」他看著姑娘的臉，深受她的美貌吸引，心中燃起喜悅。之後他問翻譯那姑娘說什麼，翻譯說：「她稱你為『大王』，並祝你健康。而你應該回答她：『敬你（Drinc heil）』。」沃蒂根回答：「敬你！」之後請姑娘喝酒。接著他拿起她手上的杯子，吻了她，並喝酒；自此之後，英國人喝酒時會對另一方說：『祝你健康。』而接受的人則回答：『敬

你！』」

沃蒂根請漢吉斯把女兒嫁給他，漢吉斯答應了，條件是把肯特給他。沃蒂根認為這是公平的交換，因此漢吉斯得到一個王國，只失去了一個女酒保。

這恐怕只是個故事，是六百年後由蒙茅斯的傑佛里（Geoffrey of Monmouth）寫下的故事。但這至少告訴我們，在傑佛里的時代，每個英國人只要有人請你喝酒，就會說：「敬你！」

這或許證明了塔西佗對於陰暗的北歐歸化者看法沒錯：「如果你放縱他們對酒的熱愛，要多少酒就給多少，他們會輕易地被自己的惡行征服，就像以軍隊征服一樣。」

漢吉斯與沃蒂根的交易也帶來其他後果。漢吉斯如今在英國有了根據地，因此他把話傳回丹麥的部落與朋友，叫他們過來。大家蜂擁而至：朱特人（Jute）、薩克遜人、盎格爾人（Angle）——一杯酒讓他們在這新國家有了根據地，而這個國家不久就稱為盎格爾之地（Angle-Land），或是英格蘭（England）。

第十章

中東：戒律與欲望之間

古蘭經說，天堂有酒河，第四十七章十五節如此寫道：

敬畏的人們所蒙應許的樂園，其情狀是這樣的：其中有水河，水質不腐；有乳河，乳味不變；有酒河，飲者稱快；有蜜河，蜜質純潔；他們在樂園中，有各種水果，可以享受；還有從他們的主發出的赦宥。永居樂園者，難道與那永居火獄，常飲沸水，腸寸寸斷的人是一樣的嗎？[28]

因此酒是給有福的人，水是給受災禍的人。萬一酒河不夠，古蘭經第八十三章承諾，好穆斯林會得到以麝香封瓶的美酒。

這就引導出挺奇特的結論：好穆斯林最後能喝的酒，比好基督徒多。好基督徒一輩子都喝酒，而好穆斯林能在永恆中喝酒。不過，古蘭經較不熱中於地面上喝酒。飲酒的位置的確有點改變，而學者與傳統就這麼一次都同意，關於酒的戒律愈來愈嚴格。古蘭經第十六章六十七節就是早期詩歌的例子：「你們用椰棗和葡萄釀製醇酒和佳美的給養。」

古蘭經又重新提到戒酒時，倒是說得很溫和。古蘭經禁止在酒醉時祈禱，這似乎很合理；古蘭經也假設你會酒醉一段時間。之後有一段文字，提到飲酒與賭博：「他們問你飲酒和賭博（的律例），你說：『這兩件事都包含著大罪，對於世人有許多利益，而其罪過大於利益。』」這似乎也是良好的建議。

但後來，穆罕默德的信徒之間因為飲酒而爆發衝突，其中一人朝另一人扔小羊骨，那人回來後請教穆罕默德，得到這段話：

> 信道的人們啊！飲酒、賭博、拜像、求籤，只是一種穢行，只是惡魔的行為，故當遠離，以便你們成功。

多數穆斯林把這段話語當成定論，認為飲酒是惡魔的行為，是十惡不赦的。

古蘭經之後還有聖訓（Hadith），這是穆罕默德的言行錄，據稱是在古蘭經後約一百年完成。聖訓可說是完全反對飲酒，甚至禁絕藥用或釀醋時使用酒。飲酒要遭到八十大鞭的經典懲罰，就是來自聖訓。而人們看起來好像已經開始在找其他禁令的漏洞，得詳加規範防堵[29]。

不過聖訓對於飲酒的看法卻很奇怪，同時兼具邪惡與愉快：「今世飲酒且未懺悔者，在另一個世界將喝不到酒。」

但問題在於，這效果有多強？畢竟基督教的聖經明白要求愛與寬恕，幾乎不談後

28 引自馬堅譯本。

29 「安拉詛咒酒（醉人之物：酒類、葡萄酒等等）、喝酒者、斟酒者、販酒者、購酒者、釀酒者、酒的目標、攜酒者、接受酒者、使用販酒所得者。」——艾布．達吾德聖訓集（*Sunan Abu Dawud*）。

果。在新約聖經裡，耶穌曾明白拒絕處死姦淫的女子。英國最後一名因通姦而被處死的女性，是在一六五〇年，因清教徒引進的新法律而遭處絞刑。

八世紀的巴格達

那麼，這禁令到底禁止了什麼？起初並不多。阿拉伯半島上沒有多少酒，有早期資料指出，修道院會進口葡萄酒。不過沙漠游牧民族不太喝酒。到了七世紀，伊斯蘭擴張到整個美索不達米亞與黎凡特，這兩地區是世上最古老的釀酒區。情況於是改變了一點，但是不多。

早期伊斯蘭對於猶太教與基督教徒相當寬容，鮮少有以彎刀尖端逼迫改信的情況。的確，伊斯蘭的早期策略是給穆斯林租稅優惠，給其他人自由。這表示，若在八世紀來到巴格達，要喝酒並不難。走一趟猶太區、亞美尼亞區或希臘區，嚴謹的數學大師即可酒酣耳熱。

許多人心目中有史以來最偉大的阿拉伯詩人阿布・努瓦斯（Abu Nuwas），就常造訪這些地區。他的專長是寫飲酒詩（khammriya），這是很知名的阿拉伯詩歌文類，從中可略為看出禁令的效果。努瓦斯讓我們知道，在大約西元八百年的巴格達，夜晚飲酒（或者從白天喝到晚）是何種情景。

努瓦斯特別值得一讀的原因，是他的詩歌都依循相同模式。首先，你會到飲酒區，「爭相通過宮殿圍牆下的暗巷」。你來到酒館，用力敲門，大聲叫喊。酒館主人通常睡著了，但特別的是，這酒館專門為花錢如流水的阿拉伯宴會開門。除了酒館主人、侍者與藝人之外，努瓦斯不會提到酒館裡的其他人。

酒館主人問他們要什麼，努瓦斯要喝葡萄酒。這市場不小，因此酒館主人問努瓦斯，他們想花多少錢、要什麼酒。努瓦斯一向回答「很多！」以及「上好的酒。」他很挑剔酒的產區、年份與葡萄，特別喜歡來自費盧傑（Fallujah，位於伊拉克）的酒。

之後，酒館主人下樓，走進充滿霉味與灰塵的酒窖，扛著一大瓶封著的酒回來。努瓦斯看了很興奮，把這瓶酒想像成一名美女，興起非分的念頭。酒館主人在瓶子上插進一個龍頭，它開始「像個處女」那樣流血。這讓他非常、非常興奮。酒倒入美麗的杯子，通常會摻冰或冷水。有時候努瓦斯會直接喝，但那是特殊情況，他只在特殊場合才喝純酒。

我們會看見酒館的其他人，通常有侍者、女侍者、歌者、吹笛人、妓女或奴隸。不過，通常有人身兼上述各身分，讓努瓦斯格外興奮。女孩是少不了的，最好還有年輕男孩。在大多數的夜晚，都以努瓦斯雞姦男侍者結束，那男侍者總是俊美、苗條，「就像小鹿一樣」。努瓦斯未必會描寫諸如同不同意、或甚至有沒有意識的細節。這過程兒童不宜，最好還是馬賽克一下。他老是在寫「新月型的山谷」，或他如何像騎駱駝一樣騎在上面。

努瓦斯的飲酒詩曾描寫修道院的有趣細節。在巴格達外有一些基督教修道院，那些地方顯然靠經營副業賺了不少，包括地下酒吧——或許還不只如此。努瓦斯會和朋友造訪這些地方，喝個通宵達旦。

教堂鐘聲在破曉前響起
修士唸誦禱詞
酒醉者想喝更多

雨水充滿空氣
〔……〕
在修道院飲酒
多麼美好
在這樣的環境裡飲酒
四月成了最甜蜜的季節[30]

之後努瓦斯雞姦了一名唱詩班的男童，實在有點妨礙風化。但那不是重點。努瓦斯喜歡列出不該公開的所有事，還厚顏宣稱他全做了，時間就在昨夜，而且做了兩次。努瓦斯知道飲酒是非法的，正因如此，他喜歡喝酒。

在其中一首詩，他把一本古蘭經放在酒杯旁邊，並說一者溫暖，另一者冰冷。努瓦斯的主要目的，就是惹惱神職人員中較嚴肅的那一群，讓他們暴跳如雷。他果然成功

30 原文譯自：Jim Colville from *Poems of Wine and Revelry: The Khamriyyat of Abu Nuwas*, Kegan Paul, 2005.

了。他被關進大牢，而巴格達的警察主管顯然從努瓦斯一大票富有、墮落的朋友收了一大筆賄賂，讓他們探監，趁機發了大財。

不過，努瓦斯沒被關多久。他會被關，是因為當時哈里發處在一場麻煩的內戰中，需要伊瑪目的支持[31]。等內戰結束，努瓦斯就出獄，和哈里發一起喝酒，畢竟兩人是好友，喜歡一起痛飲。那些想要哈里發清醒的人經常忽略，哈里發往往是酒鬼。

努瓦斯最了不起的前輩很可能就是飲酒詩的發明者，一位在他出生前不久的巴格達哈里發。瓦利德二世（Al-Walid II）即使詩作不那麼好，但聲名狼藉的程度不輸努瓦斯，而且還是國王呢！他的典型作品如下：

> 我請求上帝，以及虔誠的天使與正義者見證，
> 我喜歡音樂與歌曲，喝葡萄酒，咬年輕女子的性感嫩臉。

連哈里發都這樣寫了，難怪法律會鬆散一些。他和朝臣狂飲成為阿拉伯文學中常出現的場景。許多君王都很愛享樂。格拉納達的偉大國王巴迪斯（Badis）長時間待在宮

裡，醉得不省人事，無怪乎有傳言說他已駕崩。另一個西班牙統治者阿巴德．穆耳台米德（Abbad al-Mutamid）在遭到敵軍圍城時，竟靠著酒醉來遺忘。根據記載，忽辛．拜哈拉（Sultan Husayn Mirza Bayqara）在「擔任大呼羅珊[32]統治者的四十年間，沒有一天不在中午祈禱後喝酒。」但有歷史紀錄堅稱，他不會在早餐喝酒。

巴布爾

剛才說的紀錄，來自十六世紀的巴布爾（Babur）。他驍勇善戰，令人聞風喪膽，十二歲時成為塔吉克君主，入侵阿富汗與北印度，成立蒙兀兒帝國，也是個日記作家。巴布爾的日記堪稱是史上最奇怪的文獻之一，很具個人色彩，什麼都敢寫，不覺得尷尬，和你我今天所寫的日記差不多。日記中有許多細節，詳加描述美麗的風景、朋

31 伊瑪目在阿拉伯文原意為「領袖」，通常指清真寺的教長或帶領做禮拜的人，地位崇高。哈里發則是指「先知的繼承人或代理人」，先知即為穆罕默德，因此哈里發為繼承穆罕默德在伊斯蘭世界的角色，也就是集宗教、司法、軍事、行政權力於一身政教合一的領袖。

32 Khurasan，位於今日的中亞，包括今天伊朗、阿富汗、塔吉克、土庫曼和烏茲別克各一部分地區。

友來訪，或者食物中毒。你會覺得自己好像認識這人，而且覺得他不錯；如果時光機不小心把你丟到五百年前左右的喀布爾（Kabul），應該會和他處得來。在一五一九年一月十二日，他寫道：「星期三：我們騎馬造訪巴伽爾（Bajaur）要塞，在卡瓦賈卡蘭（Khwāja Kalān）家舉辦飲酒宴會。」

不過，要加一個很大的但書。在前一天一月十一日，他寫下：

> 我心中輕鬆記得巴伽爾要塞的要事，我們在星期二，即穆哈蘭月（Muḥarram）的九日，沿著巴伽爾谷往下走兩哩，我下令在高地築骷髏塔。

瞧，巴布爾喜歡屠殺敵人，用他們的骷髏築塔。今天或許會有人說骷髏塔是特色或噱頭，但你永遠猜不透巴布爾在想什麼。你很難說他是個令人求之不得的朋友還是怪物，或者兩者皆然。

巴布爾原本對喝酒沒興趣，直到二十多歲才喝酒。但之後他確實會喝酒，而且對酒很有興趣，還在日記中大書特書（當然還寫了大屠殺、骷髏塔，以及偶爾活生生剝下敵人的皮）。他在馬背上、宮殿、船隻、竹筏、山上與谷地喝酒。巴布爾喜歡大喝特喝。這是典型的例子：

> 一五一九年十一月十四日：我告訴塔迪．貝格（Tardī Beg）去準備酒和其他東西，我打算開個私人派對。他往比薩迪（Bihzādī）取酒。我騎著馬匹，和他的一名奴僕到谷地，並坐在山坡上的坎井後方。早上九點，貝格帶回一壺葡萄酒，就我們兩人喝。後來，巴拉斯（Muḥammad- i-qāsim Barlās）與沙札達（Shāh-zāda）也來了，他們知道他在找酒，於是一起跟著來，不知道我也在。我們邀請他們一起喝。塔迪．貝格說：「胡胡．亞妮嘉（Hul-hul Anīga）想和你們一起喝酒。」我說：「我從未見過女人喝酒，邀她過來。」我們也邀請了一個四處遊走的苦行僧，名叫沙伊（Shāhī），以及坎井工人來奏琴。
>
> 大夥兒在坎井後方的高地飲酒，直到坎井後方高地的晚禱之前；之後我們到塔迪．貝格家，就著燈光，喝到睡前祈禱前。派對很輕鬆不拘。我躺下來，其他人到另一間房子，喝到打鼓之時（午夜）。胡胡．亞妮嘉進來，滔滔不絕說話，我只好躺下裝

醉，才擺脫了她。

巴布爾就這樣消磨時間：早上喝酒、下午寫詩，記下他疆域的野生動植物（他算是業餘自然學家），殺害敵人、褻瀆屍體。

然而這種恬適的生活沒維持多久。巴布爾四十歲時嚴正立誓，不再碰酒。因此他四十九歲（僅僅九年後），就把所有酒杯拿到面前砸碎，還寫了一首詩。

我把金杯
與如此精緻的銀杯收集起來，
當場粉碎，
讓靈魂從酒解脫出來。

巴布爾把金銀送給窮人，並鼓勵朝臣與軍人也戒酒。三百人立刻響應，而在士氣大振之後，巴布爾決定離開，屠殺異教徒。

但滴酒不沾並不符合他的喜好。他在給朋友的信中苦笑道，多數人是酒醉之後後悔，他則是放棄飲酒而相當後悔。只是他無法走回頭路，並在三年後逝世，留給世界一個帝國與一部日記。

我或許該大放厥詞，說巴布爾如何代表穆斯林飲酒的矛盾之處，但是他的曾孫賈漢吉爾（Jahangir）更擅長此道——他有個酒壺上刻著「真主至大」（Allahu Akbar）[33]。

巴布爾至少面對了伊斯蘭對於酒的難題。這裡要說明一個細微卻重要的區別：飲酒是可以寬恕的，多數教派的穆斯林可以喝酒，之後再懺悔。但如果認為飲酒不是罪惡，那就真是罪過了。因此許多蘇丹禁酒之後就不了了之，或是禁酒之後又大喝起來。幾乎每一位波斯沙赫（shah，古波斯語的「君王」）都曾在某時間點宣布完全禁酒，卻被人民當耳邊風，總是找理由喝酒。薩菲一世（Safi I）在一六二九年登基後，馬上宣布禁酒，但他之後罹患感冒，病情嚴重，醫生說是很嚴重的感冒，得喝點酒才能痊癒。醫藥用途的酒不可能是罪，而是為了健康著想。他在一六四二年酗酒身亡。

33 賈漢吉爾是蒙兀兒帝國的第四任皇帝。他這酒壺挺美的，目前收藏於葡萄牙的某博物館。

他的繼任者是沙赫阿拔斯二世（Shah Abbas II）登基後馬上禁酒，當時他只有九歲。他十六歲時贏得一場戰爭，為了這特殊場合，他喝了酒，而這特殊場合就一直延續到一六六六年[34]。

薩非王朝的第九任沙赫素丹・荷珊（Soltan Hoseyn，一六六八～一七二六）是最認真執行禁酒這檔事的人。他在一六九四年登基後馬上禁酒。六千瓶葡萄酒從皇室酒窖中取出，公開在伊斯法罕的中央廣場清空。這位沙赫是玩真的，但他姑婆說自己實在很愛喝酒。荷珊該怎麼辦呢？哪有人這麼不講理，竟然鐵石心腸地禁絕姑婆喜好之物呢？因此酒解禁了，荷珊也與老太太開開心心飲酒。

蘇丹穆拉德四世（Murad IV，一六一二～四〇，一六二三～四〇在位）對酒精的問題比較實際。他會假扮成平民，夜裡到伊斯坦堡的大街上閒逛，親手宰了任何喝酒的穆斯林。但他自己是無藥可救的酒鬼，合格的精神科醫生都能幫他確診。

沒有任何事能阻擋沙赫與蘇丹飲酒。他們的名字很難拼，飢渴難以緩解。

變通之道

不過，大家乖乖過了幾個世紀之後，集體意識中卻有持續不斷的嘮叨在騷動。對穆斯林來說，喝酒鮮少是簡單的事。社會壓力、律法禁令，或許還加上古老的古蘭經確實都有影響。社會階層低的人發現，他們比較喜歡鴉片，認為古蘭經裡面根本沒提到鴉片，因此抽鴉片沒問題；中產階級確實多多少少節制了些，但他們會鑽漏洞，且漏洞比漁網的孔洞還多。

在鄂圖曼時期的波士尼亞，穆斯林非常虔誠，不喝葡萄酒。他們改喝「拉克酒」（raki）。他們辯稱，古蘭經裡面沒有明確提到拉克酒，因此飲用無妨，即使拉克酒也是以葡萄製成。聽起來好像在開玩笑，但當時的人卻很認真看待這愚蠢的理由。一名蘇格蘭旅人在十九世紀造訪波斯時，如此描述他所遇見的一名老蘇非派信徒：

34 他其實在一六五三年又禁酒，但維持不到一年。

他和其他意志薄弱的人想出一種辦法，讓自己能好好享樂，又不會逾越任何法律（他們選擇這樣相信）。他們從許多含糖的物質蒸餾出烈酒，包括柳橙與其他水果；我認為裡頭肯定也有穀類或糖；而他蒸餾出的東西稱為「生命之水」（Mā-ul-Hiāt，阿拉伯文）。那種東西很烈，讓我想起威士忌，而且有濃郁的柳橙與香料味。他們說服自己，這是合法的，因為原料並沒被伊斯蘭的律法禁止。這天晚餐過後，便出現一壺這種酒供米薩・瑞薩（Meerza Reza），以及其他膽怯的新手使用。看米薩・瑞薩拿著這酒壺很有意思，他以正經八百的模樣轉頭看我，解釋這珍貴的生命之水和那些討人厭、法律禁止的垃圾有何不同——也就是葡萄酒、白蘭地，他保證，他才不喝那種東西。「這個啊，」他倒了一大杯，「是合法的，而且非常非常好喝；尤其胃不舒服時，醫生會指示我喝。」

飢渴總能鞭策人類發揮創意，穿過宗教設下的重重障礙。十六世紀一名德國旅人造訪伊斯坦堡，聲稱尖叫能暫時把靈魂逐出體外。因此虔誠的鄂圖曼人可放聲尖叫，趁著靈魂在體外疑惑遊蕩時，再開始狂飲[35]。但是最高明的詭計，則是十九世紀的俄羅斯工程師所記載，一名富有的伊朗人邀請他到派對。當時正在進行肅穆的晚禱，接下來，主人拍手喚僕人，要求他們帶「某東西與帽子」上來。僕人旋即拿出放在托盤上的帽子，而賓客（包括幾位穆拉〔mullah，伊斯蘭教士〕）就拿起帽子戴上。這樣就沒事了。他們說：「我現在不是穆拉，只是普通人。」他們馬上開始玩起圖板遊戲（這是禁止的），並讓自己喝點「某東西」。

> 「某東西」盛裝在各式各樣的瓶子；有絕佳的干邑酒、伏特加、葡萄酒、蒸餾酒，以及其他五花八門的酒。

所以囉，完美的解決方案就是戴上帽子、尖叫、喝拉克酒。我想，人生多數的難題都可以這樣解決。不然可以採用比較簡單的方式：私下喝酒。在過去幾個世紀的多數時間，酒的地位就像今天倫敦派對上的古柯鹼，是在密室中悄悄地速速解決。正因如此，

35 這招在一些英國的女子單身派對還可看見。這位旅人是誰？是雷因赫德・魯貝諾（Reinhold Lubenau）。

喝酒可能變成沒有樂趣的活動。年份和葡萄都不重要；沒有舉杯與祭酒；如果你只是想讓身體裡有酒精，在別人發現你離席之前又回來，那你根本不會找人聊天。這時喝酒就是要喝得愈快愈好、愈多愈好。十六世紀的突厥人就是這麼回事：

他們就是這樣的人，在人前滴酒不沾，但在私下，世上所有的酒都無法使他們滿足，也不夠他們喝。他們就是這樣牛飲的人。

到了十九世紀的伊朗人，情況也沒改變多少：

他們的格言就是，酒杯中的罪與大酒壺的罪一樣多；既然都要受罰，何必棄絕樂趣？對他們來說，樂趣不在酒逐漸帶來的歡喜，以及朋友相聚飲酒時的快活暢聊，而是在酒醉本身的感受；因此波斯人比較喜歡白蘭地與大口暢飲，因為這能讓他們最快得到樂趣。

即使一九七九年的神權革命也沒能讓這喜悅乾涸。一名伊朗穆拉梅迪・丹尼什曼（Mehdi Daneshmand）說：

> 就連西方人也不像我們這樣喝酒。他們倒一杯葡萄酒來啜飲；我們則是把四公升一桶的伏特加放在地上，喝到眼睛看不見。我們甚至不知道如何飲酒。我們是怎樣的一群人！根本是暴殄天物的大師！

他是在二〇一一年說這段話，我想我們已經跟上這時代的情況了。

THE VIKING *SUMBL*

第十一章

維京人的狂歡：酒就是王權、是命運、是神

驍勇善戰的奧丁，
只靠著喝酒過活。

奧丁只喝酒，除了酒之外，不吃也不喝其他食物，沒有東西能吸收葡萄酒。他連起司等點心都不碰。《詩體埃達》[36]言之鑿鑿。

一名北歐之神愛喝葡萄酒，聽起來不太對勁，畢竟葡萄酒並非北歐名產，但這正是

重點所在。葡萄酒是有錢的維京人能買到的飲料中最昂貴的一種。葡萄酒可能來自德國甚至法國，從羅馬帝國喝剩的部分進口。葡萄酒是地位象徵，所以維京眾神中的主神奧丁必須有葡萄酒。眾神之王不能喝麥酒，太寒酸了。

奧丁不吃其他東西，或許也很奇怪。空腹喝酒不好。空腹喝酒的飲食方式早存在已久，但可能導致胃部不適，也可能酒醉。奧丁只喝酒的原因，可能只是因為他的名字字面上意義是「瘋狂者」；有些人翻譯成「狂喜者」。但老實說，從他的飲食來看，可能只是指「酒醉者」。

奧丁顛覆了大多數的宗教。大部分多神宗教會有一名主神，之後才有酒醉／葡萄酒／啤酒釀造神之類神祇輔佐。恩利爾是寧卡西的上司；阿蒙是哈托爾的老大；宙斯是戴歐尼修斯的長官。酒醉之神的出現帶來樂趣與混亂，但向來臣服於更有智慧、力量更大，且經常留著鬍子的主神。你不必是最聰明的神學家，也能說明這代表酒醉必須在社會中找到一個小小的空間，用這小小的據點來馴服與掌控「醉」行。

但在維京人眼中，主神是酒醉之神，還叫做「酒醉者」。維京沒有其他酒神，只有奧丁。這是因為，酒和酒醉不需在維京社會裡找到容身之地；維京社會就是酒和酒醉。

THE VIKING *SUMBL*

酒是權威、是家族、是智慧、是詩、是兵役、是命運。

要當個滴酒不沾的維京人肯定很難，也沒有這種人存在的紀錄。

不過，要稍微解釋維京人喝的酒。維京人的酒只有三種。正如前述，維京社會有葡萄酒，這非常昂貴，幾乎無人喝得起；接下來的社會階級能喝的，就是蜂蜜發酵成的酒，喝起來甜蜜蜜，但相當昂貴；最後是麥酒，幾乎人人、隨時都在喝。他們的麥酒比現代麥酒稍烈，酒精濃度大約為百分之八，若重新釀製當年他們的酒，會發現維京人的麥酒是深色、有麥芽的。

但是在維京傳奇中，英雄都喝蜂蜜酒，因為蜂蜜酒比較高貴。同樣地，如果你要成為領主，就得先打造蜜酒廳（mead hall）。即使裡面只喝得到麥酒，你還是可以稱之為蜜酒廳，聽起來比較威武。你的蜜酒廳可能很小，有些長寬只有十呎與十五呎。其他比較大，長度可能達千呎以上。在《貝武夫》（*Beowulf*）中，赫羅斯加（Hrothgar）想要成為威武的國王，於是打造了鹿宮（Heorot），那是有史以來最大的蜜酒廳，裡面有許多柱子和黃金。

36 Poetic Edda，一六四三年發現的北歐神話手抄本。

蜜酒廳讓你可以當個領主，因為領主的首要責任，就是給戰士喝不完的酒。這是正式展現領導權的方法。相對地，如果你去別人的蜜酒廳、喝人家的蜂蜜酒，你就得以軍事力量保護他們。酒等於權力，是讓人對你效忠的方法。沒有蜜酒廳的國王就像沒有錢的銀行家，或是沒有書的圖書館。

你還需要一名王后。聽來或許奇怪，但女人在蜜酒廳的宴飲中滿重要的（雖然有點屈從的意味）。維京人稱女人為織造和平者，讓宴會能正式進行，調和粗獷的氣氛，帶來陰柔的文靜氣氛。北歐人稱飲酒宴為「桑波」（sumbl），女人擔任支援角色。她們甚至可能在晚宴開始時，一起享受起初的三杯酒。那是分別獻給奧丁以慶祝勝利；海洋之神尼約德（Njord）與掌管豐饒、生育、愛情，也是戰神的弗蕾亞（Freya），以祈求和平與豐收，還有獻給祖先與故友的「紀念麥酒」（minni-ol）。

這晚的第一杯酒非常正式，由王后端給丈夫。她會用掛在脖子上的小篩子，幫蜂蜜酒（或麥酒）過篩斟出來。這時她可以正式並公開給他建議，可能只是要他「喝掉酒」，但也可能趁此機會宣布正事。一旦國王喝醉，她就會依照階級，讓武士們喝酒，最後請賓客喝酒。

事實上，侍酒是維京時代婦女的重要任務。在詩中，女人不稱為女人，而是「侍酒者」。十一世紀有個詩作手冊，供想當詩人的民眾參考。上頭寫著：

> 婦女應以各式女性服飾來指涉，例如黃金與寶石，以及她所斟或端出的麥酒、葡萄酒和其他飲料；同樣地，也可用麥酒容器，以及所有適合她做的事或提供的東西來代替。

因此女人可稱為給予麥酒的人、蜜酒姑娘，或分送飲品者，因為維京人不懂紳士風度，以為女人就是這樣。這種迂迴說法的理由在於，維京人永遠不會有話直說。維京詩作全是為熟悉的事物找個模糊詞彙，比方海叫做「鯨魚之飲」、「龍蝦地盤」、「海岸有泡沫的麥酒」；血是「狼的溫暖麥酒」；火是「房子的毀滅」；天堂是「矮人的負擔」。正因如此，維京人的詩迷人又難懂。

你也可以從「霜杯」（hrimkaldar）喝蜂蜜酒，維京人其實是用玻璃杯喝酒。不是所有人都有這種杯子——玻璃很貴，但是在蜜酒廳的國王可能有個平底玻璃酒杯，和我們今天的玻璃酒杯看起來差不多。酒杯有各種形狀、大小、顏色[37]。大部分就算擺到今天的餐桌上也不太突兀，只是有點俗氣。若以為所有的維京人都是用骷髏與獸角喝酒，恐怕要大失所望了。

維京人有一種霜杯很有趣，考古學家稱之為漏斗杯——畢竟考古學家不是詩人。漏斗杯大約五吋高（約十三公分），形如其名，這表示無法放在桌上，否則會翻倒。這種杯子是刻意要你乾杯的。這對維京人來說很重要，因為一口氣喝乾酒，代表你變成真正的男子漢。飲酒時使用較傳統的獸角杯，用意也在此：藉由你的吞嚥能力，測試你的男子氣概。

有一則故事提到了戰爭與鐵鎚之神索爾（Thor）與惡作劇之神洛基（Loki）。洛基挑戰索爾，要他喝下一個獸角杯的麥酒。索爾最激不得，當然接受挑戰，於是洛基拿出一個獸角杯放到桌上，跟索爾說真男人可以一口氣喝乾。索爾拿起獸角，放到嘴邊喝呀喝呀喝個不停，直到喝不下，但獸角還是滿滿的。洛基看起來很失望，說正常人一、兩口就能喝完。索爾一試再試，彷彿他飲酒神力沒有發揮。洛基又說，比較弱的人可能會三口喝完。但還是同樣的結果。這讓索爾覺得很丟臉，覺得自己簡直和女人一樣。後來洛基承認自己捉弄了他，獸角的一端連接到海洋。索爾喝了很多，讓全世界的海平面下降，而維京人說，這就是潮汐的由來。

除了拚酒量，維京人也愛吹牛，不認為吹牛是壞事。維京男人就是要吹牛，一講再講他所有偉大的貪婪行徑。之後另一名維京人就要設法贏過他。結果呢，維京人沒有半個是謙虛的，沒有半個是膽怯的，他們粗魯可恥地摧毀與掠奪洗劫英格蘭沿岸。他們喜歡大聲嚷嚷，說得天花亂墜，不怕牛皮吹破，只管說自己比下一個人厲害。

但這種吹噓可不是很快就結束的短笑話，而是長篇大論，像浮誇的詩歌。這是盛大正式的場合，就像現在的饒舌歌對唱（至少有人這樣告訴我）。不僅如此，你必須對吹牛認真無比，為你所說的一切做好準備，無論你是說過去做的事或未來打算要做的事。你不能和現代人一樣，在隔天早上說，哎呀，那只是酒後戲言；相反地，你得說到做到。有一種特別的杯子叫「承諾之杯」（bragarfull），如果你立誓要做某事，並用「承諾之杯」喝酒，那麼這承諾完全有約束力，不能說話不算話。承諾之杯就是命運。為了確保你不會迴避承諾之杯的承諾，維京人會牽一頭神聖野豬進入廳堂，你得把手按在野豬上立誓。之後，這頭野豬會被宰殺，牠的靈魂會飛到弗蕾亞身邊，向祂報告你喝醉時

37　由於某些原因，這些玻璃是有顏色的，好像和一九七〇年代發明的便宜玻璃差不多。

的諾言。

有個故事提到一位叫席辛（Hethin）的人。席辛在國王饗宴上的承諾之杯出現時，喝下了一杯，把手放在送上來的野豬上，不小心立了誓要娶他的嫂子。隔天他覺得很尷尬，去跟哥哥說自己幹了什麼事。他哥哥的反應大約是：「嗯，承諾之杯就是承諾之杯，你得信守承諾。」

別悲傷，席辛——因為我們
在啤酒旁立的誓言——必定真實不假

或許這故事也透露了女人在維京社會的價值。無論如何，這位兄長在幾天之後一場無關的決鬥中喪生，因此結果是好的。

這些故事多少能解釋，為什麼女人會稱為織造和平者，或必須製造和平。這是個凶殘的社會，一個廳堂裡擠滿了戰士，他們被迫喝酒，喝得又多又快，把吹牛與羞辱當成儀式，而且都攜帶刀劍。這一切都在維京／盎格魯薩克遜的史詩《貝武夫》中可看出，

THE VIKING SUMBL

詩人極力解釋貝武夫是多棒的男人。他盛讚貝武夫，而最高的讚美就是貝武夫「從不在喝醉時殺害朋友」。

對維京人來說，這顯然是一項成就，奇特到值得在詩中提及。

詩歌中的蜂蜜酒

飲酒宴中需要詩人和音樂家來吟唱。在維京人心目中，詩歌是酒直接的成果。據說在很久很久以前，神祇之間爆發戰爭。之後眾神講和，為了象徵和平，祂們朝一只酒壺裡吐口水。你現在或許覺得這很奇怪、很不衛生，但別忘了在許多原始文化，人們會把大麥咀嚼成漿，之後吐出來，促成啤酒發酵。

無論如何，神祇有了滿滿一壺口水，裡頭冒出了一名男子，叫作克瓦希爾（Kvasir），他是從唾液製造的男人／神祇中最具智慧的一個。克瓦希爾很慷慨，他在各處遊走，教導人類各種智慧。後來，他碰上兩個壞侏儒。壞侏儒殺了他，把他的血裝到壺中，又加進蜂蜜，做成詩蜜酒（Othrerir）。

後來有個巨人出現，從侏儒那兒偷走詩蜜酒，帶回山上的宮殿裡。奧丁聽到之後也想喝一點。但很可惜，詩蜜酒此時放在巨人的城堡，由巨人的女兒日夜看守。不過，奧丁很渴，可以為了喝酒不擇手段。於是他挖了隧道，通往城堡，變成一條蛇溜進城堡。

他碰上巨人的女兒，馬上誘惑她。奧丁承諾，若給他蜜酒喝，就娶她為妻。這恰好指涉維京社會偶爾出現的風俗：若有女孩子給你酒喝，你就得娶她。這種習俗的普遍程度不得而知，因為多數的婚姻是安排好的。但這又是一個例子，說明如果有人提供你酒，你就得成為他的親族／戰士／丈夫。

可是奧丁是個卑鄙的傢伙。他和平常一樣一口氣喝乾，肚子裝了詩蜜酒之後，就化身為老鷹飛走。巨人見狀，立刻變成老鷹追了上去。

情況千鈞一髮。其他神祇見奧丁回到居處阿斯嘉特（Asgard）的宮殿時，馬上拿出桶子，讓他把詩酒吐出。巨人差一點就趕上了。奧丁頭一低，吐出純詩歌到桶中。他對於詩的熱情太強烈、太撐了，因此有些詩蜜酒從他肛門噴出。他嘔吐在桶中的，造就日後史上最偉大詩作；而從他肛門跑出來的，則成了糟糕的詩。這一則神話同時解釋了莎士比亞與威廉．亨利．戴維斯[38]兩者的作品。

麥酒

維京人的一切都和麥酒有關。維京人把麥酒獻給奧丁，人民為麥酒而活，詩人從麥酒獲得靈感，戰士為麥酒而死。在一則英雄傳奇中，國王為了解決兩名妻子間的爭風吃醋，決定只留下一位妻子；誰能在他從戰場歸來時給他最好的麥酒，就留下誰。

到了夜晚，蜜酒廳可能格外混亂，只是少了一、兩樣東西。通常在大肆飲酒之後，會出現嘔吐與性交（有先後順序，不是同時發生）。古埃及人把這兩件事當重點，但維京人絲毫不提，即使他們喝下一整個獸角杯的酒[39]。相反地，他們就是睡著了。

神話中有一種很可愛的神話生物，叫做「忘鷺」，不知道為何以此為名。據說忘鷺會飛下來，盤旋在宴飲上方，直到眾人入睡。沒有人回家，你就留在領主的蜜酒廳，醉到不省人事。你可以躺在長椅、桌子或任何找得到的地方，很快睡著。

38 W. H. Davies，一八七一～一九四〇，威爾斯知名詩人與作家。

39 奧丁的反芻比較像是母鳥餵養小鳥，而不像埃及飲酒宴女子的嘔吐物。

這時就有點危險了。武士全都醉倒，無法自我防衛。《貝武夫》這首詩就是在說，怪物如何在夜裡潛伏進入蜜酒廳吃人，直到英雄貝武夫想出辦法，保持半醉半醒。

老實說，被怪物吃掉的風險在統計學上微乎其微，但葬身火窟是很有可能的。八世紀時似乎有個瑞典國王英格嘉德（Ingjald），他邀請所有鄰國國王參加他的加冕典禮。等承諾之杯拿出來時，他發誓要讓王國往四面八方擴展一半。大家都喝了酒，酩酊大醉。接下來，就是忘鷺的工作。等所有人睡著時，英格嘉德走到外面，把眾人鎖在門內，放火燒了自己的蜜酒廳，所有鄰國國王都在裡頭。

我原以為，這是僅此一次的特例，其實不然。不少故事提到蜜酒廳遭逢祝融之災，眾人都待在廳內，甚至有王后如此對待丈夫也不奇怪。

但對維京人而言，死亡或許不是壞事，甚至值得嚮往。死亡會帶你前往英靈神殿（Valhalla），那裡有一場永遠的宴會，是持續到永恆的飲酒宴。奧丁就在這裡暢飲葡萄酒，當年你飲用紀念麥酒時緬懷的故友也在這，還有神聖的蜜乳山羊海德倫（Heidrun），會源源不絕分泌美味濃烈的蜂蜜酒。那是維京人的天堂，而在英靈神殿，永遠可以醉醺醺。

第十二章

中世紀英國酒館：文學與民間傳說起源之地

我們都知道中世紀酒館（tavern）的模樣；天知道這印象從哪來的。或許是從《俠盜羅賓漢》（Robin Hood and his Merrie Men）電影中，看到理查一世時代（一一五七～一一九九）的他們從雪伍德森林（Sherwood Forest）溜進村裡的客棧。在這裡，雙頰紅通通的鄉下人聚在吧檯周圍，大口喝起大胸脯姑娘端上的大杯啤酒，杯子上緣有滿滿的泡沫，裝著正宗英格蘭麥酒。不正經的人或許會把姑娘的胸脯想像得大一點，或男子更醉一點。角落有提琴手，屋外有一塊畫得漂漂亮亮的招牌，在夜風中搖晃。

但這些都不存在。

要解釋原因，得先解釋我在第一行就刻意用錯的名稱。今天我們可以開一間酒吧，命名為船隻客棧（Ship Inn）、船隻酒館（Ship Tavern），或只是「船隻」（the Ship），沒有人注意，也沒有人在乎。然而在中世紀到十八世紀晚期，客棧、酒館與麥酒館（alehouse）可是涇渭分明。

客棧

客棧就是旅館，而且是挺貴的那一種。從定義來看，客棧有住房，還有安置馬匹的馬廄。貴族出門在外時就會住在客棧，商人或富人也是；但窮人很少進得了客棧大門。這一方面是為了保持高尚格調，一方面則是因為客棧的定價結構很特別：住房通常很便宜，主人多半靠其他收費來賺錢，例如高級餐飲、葡萄酒、洗衣、馬廄設備等等。

村子裡是找不到客棧的，就像你不會預期小村莊有豪華飯店。只有比較大型的鄉鎮或通常在城市，才找得到客棧。客棧會是市集廣場旁的雄偉建築物，常圍繞著大庭院興建。客棧甚至會充當地方法庭——坦白說，這是羅賓漢唯一可能出現在客棧的原因。

位處倫敦邊緣的客棧會比較寒酸一點。這是因為倫敦城門在黃昏會關閉，較晚抵達的人就得在城牆外過夜。有些教師熱情洋溢，對你說英國文學就是在酒館裡誕生的，因為在《坎特伯里故事集》（*The Canterbury Tales*）一開始的場景就是倫敦橋（London Bridge）南邊的「戰袍」（Tabard）。不過戰袍不是酒館，而是客棧，可容納臨時前來的二十九名朝聖者與馬匹，而喬叟（Chaucer）指出「房間與馬廄很寬敞／我們能放鬆心情。」喬叟的主人是哈利．貝利（Harry Bailey），確實是現實生活中戰袍客棧的主人。許多人因此推測，他是個友善的酒保。非也！貝利是客棧主人，這表示他是富商。貝利也是國會議員，還是新開徵的人頭稅稅吏。

英國文學不是從酒館誕生的，而是旅館。

酒館

酒館賣的是葡萄酒，由於葡萄酒仰賴進口，因此非常昂貴。酒館相當於今天的雞尾酒酒吧；鄉下是沒有雞尾酒吧的。

酒館是讓有錢人灑錢的地方。這表示酒館幾乎都位於倫敦，也表示酒館會有很墮落的一面。這裡有妓女和賭徒，因為從定義來看，如果你能負擔得起昂貴的吃喝，就能負擔得起奢侈的罪惡。

在莎士比亞的作品中，可看到他完整描述都鐸時期美麗的酒館。法斯塔夫（Falstaff）就是鎮日在伊斯奇普（East Cheap）的野豬頭酒館（Boar’s Head Tavern）揮霍時間與金錢。大家往往誤會法斯塔夫，以為他和友人是窮人中的窮人、底層社會的最底層；但是法斯塔夫喝的可是雪利酒，得從葡萄牙進口，是都鐸時期英格蘭最昂貴的酒。換成現代人的說法就是，他是個只肯喝香檳的人。奎格萊夫人（Mistress Quickly，莎劇中野豬頭酒館的女主人）的房子或許骯髒，但絕不便宜。莎士比亞曾說，法斯塔夫平日就會花個六先令喝雪利酒，那是一般工人一個星期薪資的二到三倍。再進一步比喻，法斯塔夫如果來到現代，就是在俗氣的豔舞酒吧大喝香檳。

我很確定莎士比亞喝葡萄酒。他的作品中提到葡萄酒與雪利酒的次數不下百次，卻只提到十六次麥酒。他也以酒的方式來思考，會說「生命的渣滓」（dregs of life，渣滓是指酒渣）之類的譬喻。莎劇中若提到某人喝麥酒，通常是種侮辱。這吻合我們對莎翁飲酒習慣僅有的認知。我們確定他在戰袍客棧喝過酒，並把名字刻在木頭上。他很可能造訪過美人魚酒館（Mermaid Tavern），以及牛津的金十字（Golden Cross），但他似乎喜歡時髦高檔的東西。

可惜囉，畢竟我們很希望文學巨擘和友善的鄰人一樣，踩著搖搖晃晃的腳步和我們一起廝混。今日仍有數不清的酒館會豎立標誌，上頭引用約翰生博士的名言：「人類迄今尚未想出其他事物，能與帶來這麼多快樂的美好酒館與客棧媲美。」

我們確實知道約翰生博士的意思，因為約翰生博士寫的字典中，仍堅持我先前對酒館與客棧等字的定義。他明確排除了第三種飲酒場所，即現代酒館的前驅——麥酒館。

麥酒館

記住這一點之後，就回來談談獅心王理查一世時期，羅賓漢到村裡的麥酒館。這件事還是不存在。

在西元一二〇〇年的英格蘭，不存在一般人會光顧的酒館（pub）。村子裡沒有喝酒的地方。聽起來很奇怪吧！沒有村莊酒館的英格蘭，就像沒有伏特加的俄羅斯（這時的俄羅斯確實沒有伏特加；詳情留待後文討論）。當時酒館並不存在，因為沒有需要。

這很奇怪，但愈仔細想，就愈不容易找出酒館存在的目的。你或許會說，這樣才有地方喝酒，但其實任何地方都可以喝酒。中世紀的人到處都可以喝，工作時也會喝。當時的英國也有修士，例如伯利厄修道院（Beaulieu Abbey）的修士每天會得到一加侖的麥酒配給。但大家都在工作時喝酒，通常酒也是薪資的一部分。比方說，車伕的薪資裡可能有三品脫麥酒和一些食物。地主雇用勞工在他土地上工作時，也得給他們一些酒。日子就是這樣過，原因並非要大家喝醉。在田裡辛苦一天，分幾次喝這幾品脫的酒是不會醉的，還能得到營養。啤酒畢竟是液體麵包。

人們也在教堂喝酒。中世紀的村莊教堂與其說是崇拜之處，不如說是社區中心（星期天稍微做個禮拜）。居民會在教堂院子踢足球，在廳堂唱唱歌。在宴飲、命名日、婚禮、洗禮與葬禮時，大家會分送麥酒。辦得好的葬禮可是樂趣無窮的。一三一九年，溫徹斯特主教（Bishop of Winchester）下葬時，分送了一千加侖的麥酒給窮人。這是極端的例子，但投機者在教堂討酒的例子並不少見。

最重要的是，中世紀的英國人都在家喝酒，中世紀的英國女人與孩童也都是如此。水相當危險，只有最窮的人才喝。前文提到艾弗里克修道院院長的法規仍有效：「有麥酒就喝麥酒，沒有的話就喝水。」幾乎人人喝麥酒。製作麥酒的過程很簡單，只要有大麥與水即可，有香料的話也可用。因此男人下田工作時，妻子就在家裡釀造麥酒。

釀造麥酒向來是婦女的工作，和古時美索不達米亞一樣。丈夫要太太煮飯、打掃、顧孩子，還有釀酒與紡織。把羊毛織成布、釀造麥酒也有額外好處，就是幫忙賺錢。妻子得織布，讓先生有衣服穿，如果有剩布，就可以賣掉。一般中世紀的單身婦女幾乎都是這樣賺取收入的。因此直到今天，沒結婚的老姑娘稱為「spinster」（spin就是「紡織」的意思）。值得注意的是，在這脈絡之下，「-ster」是供女性用的詞尾，男性紡織工稱為「spinner」。然而男人不紡紗。同樣地，釀造麥酒的女子稱為「brewster」，這名字沿用至今[40]。

釀麥酒賺錢的女子也可稱為麥酒婦（ale-wife）。中世紀的麥酒保存期限很短，

40 怪的是，在現代英語中，我們已經忘了字尾的「-ster」是陰性的，且變得有犯罪色彩：幫派（gangster）、歹徒（mobster）、文青（hipster）、民調員（pollster）。

兩、三天就會壞掉。因此如果麥酒婦釀的酒超出家庭所需，就會在家門口插一根麥酒柱。那是一根橫放的棍子，一端綁著帶葉子的小灌木樹枝。她把酒桶放在屋外，賣給帶著酒壺與幾毛錢的過路人。他們付錢就能把買來的麥酒外帶到工作場所、家裡或教堂喝。等多餘的酒賣完，麥酒婦就把麥酒柱拿下來，再重新釀酒。

這情況一直延續到十四世紀初。之後一下子發生了幾件事情。首先是民眾不再在教堂喝酒了。這不是因為大家不愛在教堂喝酒，而是教會不喜歡民眾在教堂裡喝酒。一三六六年，西門・蘭姆（Simon Langham）上任坎特伯里大主教，他所做的第一件事，就是威脅要把「那些以義賣蘇格蘭麥酒之名，行聚眾狂飲之實者逐出教會」。

第二，土地的耕種方式改變。以前貴族會雇人來幫忙耕田，但是到了十四世紀，貴族認為乾脆把田租給農民，讓他們自己去耕種比較簡單。這表示，如果家裡沒有麥酒婦，就得自己去買麥酒，這對麥酒婦來說是好消息。口渴的勞工會在下班後出現，他們想喝麥酒，但也想要有個地方坐下來喝。於是麥酒婦開始讓人到她們的廚房裡喝酒，酒館誕生。

最後，啤酒發明了。在這一章我談的一直是大麥和水做成的麥酒，其實不太好喝。

營養嗎？是。有酒精嗎？有。美味、純淨、有泡泡、清爽嗎？不。麥酒是有點黏呼呼的粥狀物，裡頭有渣滓。要讓麥酒變得美味，得用香草和香料調味——辣根最受歡迎。但這只是設法掩蓋不好的味道，使難喝的東西變得能喝。

之後啤酒花出現了。啤酒花是忽布花的毬果，把它加到麥酒中，就成了啤酒。這是歐洲人行之有年的做法，英國人只是起步較晚。啤酒花先抵達倫敦，之後慢慢普及英格蘭。不過，有些地方卻沒更改。蘭開夏居民在十七世紀中以前還是喝麥酒；康沃爾郡的人也繼續喝麥酒很長一段時間，有人因此寫了一首詩：

俺是康沃爾人，會釀麥酒，
那會讓人下瀉又上吐，
它濃稠、有煙味，也很稀，
就像是在豬仔打架過的水中洗澡。

多數人比較喜歡加了忽布花的啤酒味，且啤酒還有麥酒所缺乏的大優勢：不會壞。

啤酒放個一整年沒問題，只要封好酒桶即可。

正因如此，啤酒可以大量生產。大型城鎮紛紛設立啤酒釀造廠，大量製造好喝的啤酒，賣給附近的麥酒館（那些地方還是稱為麥酒館，即使大家早已遺忘可怕的粥狀麥酒）。啤酒釀造廠可過濾啤酒，生產更好的產品。然而啤酒釀造廠的主人和員工都是男人，麥酒婦是不是要失業了呢？其實沒有，她們繼續經營自己的小小麥酒館，現在只要採購啤酒即可。

酒館巡禮

假設我們是十五世紀晚期的旅人。我們口渴了，於是在某個村子停下腳步，喝杯啤酒。那會是何種光景？

首先，得找一間麥酒館，這裡還是以麥酒柱當作標示。酒館招牌（還有店名）要到一五九〇年代才會出現。客棧擁有店名與招牌好幾個世紀了，散發時髦高檔氣息的客棧自然成為酒館的模仿對象。但在這時期，我們只要尋找大門上一端有小灌木樹枝的橫棍。另一個標記物是麥酒長椅。你應該猜到了，那就是門外擺放的長椅，好天氣時可讓人在陽光下喝麥酒。我們很可能還會看見有人在比賽，例如滾球就很受歡迎，大家一邊喝酒，一邊打賭誰贏。

依據法令要求[41]，麥酒館大門必須敞開，只有隆冬天例外。這是為了讓路過的執法人員能看看麥酒館內部，確保裡頭沒有不法勾當，同時也不必降低自己的身分進入裡面。這肯定讓麥酒館風很大，不過在中世紀，幾乎到處都是寒冷風大。畢竟那時玻璃窗還不普遍，到處都很冷，而造訪麥酒館的一大好處，就是裡頭通常都生著熊熊柴火。中世紀許多農夫根本無法在家中享受這樣的奢侈。

我們最先看到麥酒館和現代酒館的差異之一，就是中世紀麥酒館沒有吧檯。如今眾所熟知與喜愛的吧檯要到一八二〇年代才出現。這地方**不像**現代酒館，反而更像誰家的廚房。實際上也是如此，房間的某處有一桶啤酒，旁邊有幾張凳子與長椅，或許還有一、兩張擱板桌，所有傢俱加起來的價值不過幾先令。人們就待在別人的房子，只不過這是個公共場合。

41 十六世紀中葉以前，全國性的麥酒館法規並不存在，不過地方執法官採用的法令大致相同。

麥酒館大抵都是某個女人的家，她可能自己釀造麥酒，也可能採購啤酒，這一行陰盛陽衰。當然，這位女性可能已婚，這時她先生在法律上就是麥酒館的擁有人。但他會出門做一般的工作，妻子幫家裡賺第二份收入；她也很可能是個寡婦。經營麥酒館仍是女人少數可以養活自己的方式，而在撫恤金的時代來臨之前，當局會基於憐憫，發給寡婦麥酒館執照，否則她就得仰賴教區過活，但教區會嫌麻煩。

我們進來後會發現，房間不會安靜下來。麥酒館大概都有旅人——這是麥酒館的重點之一。民眾申請麥酒館執照時，常會指出路上有許多很渴的旅人，而這一帶的麥酒館不足以供應旅人需求。

我們其實知道在麥酒館裡的究竟是何方神聖。如果你是歷史學家，會覺得犯罪真是幫了大忙。這是因為罪犯來到法庭時，法庭會把目擊者的行業與家鄉列出。這表示如果在麥酒館發生犯罪時，法庭會留下一點相關紀錄。這也產生了數學的反常現象。比方說，麥酒館可能有十人，其中百分之五是女性。

事實上，女性通常會結伴前往麥酒館。隻身前往酒館的婦女會落人口舌，但一群體面的婦女就是清白的。當時的人會到麥酒館約會。小倆口到麥酒館喝一杯完全正常，而且體面。

然而，體面是個相對的詞。麥酒館是給社會上最窮的人去的，就算只是有點小錢的人（例如自耕農）仍會在家裡喝酒。麥酒館是個逃脫的場所。僕人會來到這裡，理由和情人一樣；這就是人類學家所稱的「第三場所」（Third Place）。這裡不是工作的地方，不必聽命於上司；這裡也不是家裡，不必讓父母或配偶管。因此這裡充滿青少年。中世紀的英國可說是像伊甸園一樣的地方，沒有任何法令禁止未成年飲酒。

但這不表示民眾會喝個爛醉，只有星期天例外。現代的我們認為星期五晚上是喝酒的好時間，中世紀的人則喜歡在星期天早上酩酊大醉。仔細想來，如果要整天醉醺醺的，選星期天早上來喝酒很合理。不過，這就表示麥酒館和要求信眾星期天早上做禮拜的教會之間會掀起戰爭，通常贏家是麥酒館。曾有一則故事說，斯塔福郡（Staffordshire）有個教區牧師很生氣，設法要把窮人帶出麥酒館。但一群暴民卻把神父趕走，「他們把神父的帽子扔向天空，歡呼大喊，神父啊，帶著你的小背包滾蛋吧。」

好，我們坐下來吧。老闆娘會用陶壺幫我們倒酒。陶壺內部通常染成黑色，但別擔心，這只是為了偷工減料，少給一點酒（這可追溯回古代的美索不達米亞）。之後我們就和大夥兒開始聊天。如果你要向剛進麥酒館的陌生人打招呼，標準說法是：「有什麼消息嗎？」在電視甚至報紙尚未出現之前，要得知世事，主要就靠旅人。誰是國王？我們和誰打仗？我們國家被入侵了嗎？麥酒館還因此得到傳播假消息的臭名。一六一九年，整個肯特郡陷入恐慌，因為據傳西班牙人已占據多佛城堡（Dover Castle）。有趣的是，萊斯特的麥酒館客人在伊莉莎白一世死去前的四十八小時，即已得知女王駕崩的消息。

我們聊天喝酒。三品脫是標準的飲酒量，只有星期天例外。我們和大家一起比賽、賭博。我們積了一筆帳，離開前付清。如果住在附近可賒帳好幾個星期，不然也能以物易物。幾乎什麼東西都可用來換一杯酒，比如一隻雞。方便是方便，但如果從犯罪觀點來看則不無隱憂。旅人只要在旅途中偷一隻雞，接下來就可以到下一間酒館換啤酒。

夜晚總會結束，當地人搖搖晃晃回家時，我們可以付點錢，在長椅上睡覺；或者多付點錢，和酒館主人與他的妻子同床。莎劇《馴悍記》（*The Taming of the Shrew*）開頭或許透露出當年麥酒館的端倪，這是莎翁唯一把場景設在麥酒館的作品——斯賴先生（Mr. Sly）被轟出酒館，因為他無法支付啤酒錢，只好露宿街頭。

THE AZTECS

第十三章

阿茲提克人：醉得像四百隻兔子

我們知道阿茲提克人有酒、討厭酒，卻還是會喝。但其他的事就沒什麼概念了。

阿茲提克人有普逵酒（pulque）[42]，這是一種白色黏稠的奇特飲料，和啤酒或蘋果酒的濃烈程度差不多，是用龍舌蘭的汁液發酵釀製而成，算是有益健康。這種酒含有維生素、鉀等豐富養分，因此古諺說，普逵酒跟酒差不多。無怪乎孕婦必須喝，一人喝兩

42 納瓦特爾語（Nahuatl）稱之為「奧克特利」（octli），西班牙人有時稱為土著的酒。我在此通稱為「普逵酒」，以免造成疑惑。

人補。

但是阿茲提克人不喜歡普逵酒。一名新上任的皇帝在加冕時發表這樣的聲明：

> 我鄭重要求你們不准喝醉，不准喝普逵酒，因為它像天仙子，讓人失去理智。所有紛爭、所有城鎮與王國的反叛動亂，都來自普逵酒與酒醉；那像旋風，惹惱與驚擾一切；那像地獄的風暴，帶來所有可能的罪惡。在偷情、強姦、誘姦女孩、亂倫、偷竊、犯罪、詛咒與作假證、呢喃、毀謗、動亂與鬥毆之前，總是酒醉在先。都是普逵酒與酒醉惹的禍。

上述引文雖不算支持，卻指出飲用普逵酒與喝到醉很普遍。這很奇怪，因為同一個歷史學家指出，普逵酒很普遍，而普逵酒實際上也是非法的。

撰寫阿茲提克歷史的一大難題，在於史料文獻付之闕如。阿茲提克人確實有書寫系統，可是西班牙人來了之後幫了大忙，只要碰到的當地文本，全燒個精光。等這文化被澈底摧毀、文字資料焚燒殆盡，西班牙人才認為值得好好研究。主要的研究者是個神父，叫貝爾納迪諾・德薩阿貢（Bernardino de Sahagún，一五〇〇～一五九〇），前述的君王公告就是他記錄的。但他也寫道：

> 誰都不可喝普逵酒，只有上了年紀的可悄悄喝一點，但不能喝醉。如果一個人公開喝酒，或被逮到喝酒、在街上語無倫次、閒晃唱歌，或是和其他酒鬼一起，就會受到懲罰。若這人是平民，則把他打死，或在本地年輕人面前絞死，以殺雞儆猴，禁絕酒醉；如果酒鬼是個貴族，則私下絞死。

我不懂被絞死時有隱私有什麼值得安慰，但應該是很了不起吧。或許有人認為，德薩阿貢誇張了，其實沒有。阿茲提克帝國是非常嗜血的文化，熱愛活人祭，我們認為不太健康。偷情者無論社會階級為何，幾乎一律處死。男性偷情者的頭顱會被石頭砸爛，女性偷情者則是先絞死，再用石頭砸爛腦袋瓜。不僅如此，我們知道另一座墨西哥城市的酒醉法律。特斯科科（Texcoco）位於阿茲提克大城市特諾奇蒂特蘭（Tenochtitlán）的東北方，曾由一個異類統治，那人叫做內薩瓦爾科約特爾（Nezahualcoyotl），他蓋了一座廟獻給不知名的神祇，裡頭完全空蕩蕩的。他頒布了關於飲酒的法令：祭司喝酒要處死；政府官員要處死（如果沒有發生任何醜聞，就只剝奪其工作與職稱等等）；平民初犯則沒事。嗯，我說的「沒事」是指會公開剃頭，讓人嘲笑，但不會被處以絞刑，只有再犯才會被處以絞刑。這讓內薩瓦爾科約特爾相對來說，真是宅心仁厚。

但如果飲酒是這麼於法不容，為何又在阿茲提克的文化中占有中心地位？確實如此，他們有酒神，而且有好幾個。馬亞韋爾（Mayahuel）是龍舌蘭女神，據說嫁給了發酵之神帕特卡特爾（Patecatl）。馬亞韋爾有四百個乳房，或許能吸引帕特卡特爾，但也很有用，因為她生了四百個兔神，稱為「四百兔眾神」（Centzon Totochtin）。

兔神數量高達四百名，原因在於阿茲提克人以「二十」為基數。四百是二十的平方，因此這個數字就像我們文化中的一百（十的平方）一樣常見。為什麼讓兔子當神，原因不得而知，或許是兔子沒什麼大腦、或很放蕩，或就是可愛而已。不過，四百兔眾神在阿茲提克的宗教裡很重要，其祭司的地位相當崇高；四百兔眾神不是可有可無的神祇，而是非常重要。

但祂們代表的，是阻絕死亡之痛。

不過我們又面臨了一項矛盾（這不能怪我，而是西班牙征服者還沒好好記載這個文化，就把它毀滅了），酒對老人來說是合法的。沒有人確知要多老才行，但可確定的是要夠老、有皺紋，不再執行日常事務。一旦無法成為有用的勞動者，想怎麼喝都無所謂。

描述前面提到所有恐怖刑罰的歷史學家德薩阿貢，也寫過阿茲提克的命名儀式（基本上就是受洗禮）場景：

> 到了夜裡，老年男女聚集起來喝普逵酒，喝到醉醺醺。為了確保能喝醉，他們面前有一大壺普逵酒，負責斟酒的要把酒斟入葫蘆中，讓每個人輪流喝……而供應酒的人若認為賓客還沒喝醉，就會依序讓每個人喝，從左邊開始，階級最低的人先喝。一旦大家喝醉之後，就會開始唱歌……有些人沒唱歌，卻會長篇大論、大笑或鬧笑話；只要聽到任何好笑的事，他們就會哄堂大笑。

這裡來回顧一下阿茲提克的飲酒：喝酒是嚴格禁止，會以死刑懲罰，但到處都有人喝酒；酒受尊敬，是文化與宗教的中心；老人飲酒是合法的。綜觀之，歷史學家有點困惑，甚至想來點迷幻蘑菇（teonanacatl）——一種在阿茲提克完全合法的致幻劑[43]。

有個理論可以解釋這一切。研究酒醉的人類學家把文化分成「不禁酒文化」（wet culture）與「禁酒文化」（dry culture）。在不禁酒文化中，居民輕鬆看待飲酒，他們整天都在啜飲酒、開心享樂，鮮少喝個酩酊大醉。

禁酒文化正好相反。這裡的「禁酒」並非指完全沒酒，而是對酒的戒心很強，會加以嚴格規範，規定何時不得飲酒。因此人民可以飲酒時，就大喝特喝。

通常來說，南歐文化是不禁酒文化。義大利人認為在週間中午啜飲一點檸檬酒沒什麼大不了；北歐文化則是禁酒文化，白天不能喝酒，星期五晚上則大喝特喝。這兩種文化通常分別稱為「歐陸式飲酒」和「狂飲」。

西班牙征服者就屬於不禁酒文化。他們喜歡酒，整天都在喝，但鮮少狂飲到爛醉如泥；阿茲提克人則是屬於禁酒文化，多數的日子不得碰酒，並採用前述的所有法令。但在四百兔眾神的專屬節日等宗教節慶，絕對會喝到爛醉。他們好像世界末日般地虔誠飲酒，而且與比他們更早的古埃及與中國人一樣，透過酒來感受神聖的體驗。

接下來的一個月，他們滴酒不沾。

這套體系可以運作得很好，前提是沒有人來征服你，摧毀你的宗教曆法，但是阿茲提克人偏偏碰上了這種事。禁酒文化可以過得好好的，星期五狂喝，星期一清醒，但總得有人知道這天是星期幾。等到耶穌會教士發現這個道理時，重要的知識已失傳。

這時，酗酒已成為普遍現象，這就是西班牙統治下的墨西哥所發生的事。天主教神父推測，魔鬼想阻止原住民成為好基督教徒，遂驅使原住民嗜酒。但從前述文化理論來看，實情恰好相反。這是因為規定鬆綁，以及基督教導致社會上人人迷惘，使得被征服的人永遠都在喝普逵酒。

這符合我們對其他前哥倫布時代美洲狂飲者的僅有認知——我們知道的不多，且所知的事又分布在好幾千哩。舉例來說，厄瓜多的宗巴瓜人（Zumbahua）喝酒，是為了與祖靈聯繫，也相信當你喝到吐，嘔吐物就成了亡靈的食物。

然而古老文化從來沒被完全摧毀過。如今墨西哥人仍會說：「醉得像四百隻兔子。」

43 就連這個也讓人很困惑。迷幻蘑菇顯然是在飯前使用，並延續好幾個小時，還會導致嘔吐，把餐巾搞得亂七八糟。

THE GIN CRAZE

第十四章

琴酒消亡史：英國社會變遷

日內瓦夫人（Madam Geneva）和日內瓦這座城市一點關係都沒有。她是英國的琴酒之神，比任何瑞士的東西都有意思。她的名字其實來自古法文的「杜松」（genevre）。後來這個字進入荷蘭文，成為「jenever」，也是杜松的意思，或是以杜松為主要調味料的透明烈酒製品，即今天所稱的琴酒。

這位奇特的女士當時是個名流，卻沒留下多少圖像，相當奇怪。詩人為她寫下戲劇與詩作，頌揚這位了不起的女士，還有令人朗朗上口的標題，例如《琴酒母親：悲喜田園詩》（*Mother Gin: A Tragi-Comical Eclogue*），而她的葬禮引來大量民眾參與，且舉行了好幾次。她是社交名媛，也是女性主義的英雄，「備受與之同性別者最高推崇，身分高貴者也允許她進入最私人的寓所，方便較柔弱的創造物（亦即女人）在面臨不幸的事件時，抒解諸多失望與痛苦。」

她是很特別的女神，在《琴酒之母的一生：其行為與政治的真實與可信關係》（*The Life of Mother Gin; Containing, a True and Faithful Relation of her Conduct and Politicks*）中如此描述她的出身：「出身卑微，常遭不友善的人譴責，說她來自糞堆（dunghill），這個詞通常指一個人的階級與出身低下。」事實上，她的家族可追溯到更遙遠的過往。

烈酒的歷史

烈酒的歷史讓人很傷腦筋，先快速整理一下。首先要解答幾個問題：

一、蒸餾是何時發明的？

二、人類何時開始蒸餾酒？

三、人們何時開始有喝蒸餾酒的想法？

四、人類何時開始量產蒸餾酒，讓常見的醉鬼可以隨時喝到？

比較粗略的答案是，兩千年前的古希臘人絕對已經知道蒸餾，但沒有任何證據顯示他們會蒸餾酒。相對地，他們把這發明浪費在製造飲用水。

多數學者把蒸餾酒的發明，歸功於西元十世紀幾位北非的阿拉伯科學家。但他們是化學家，興趣是化學，未必想喝醉。這裡的爭議很多，有些人認為阿布·努瓦斯（見第十章）提過烈酒。但沒有人能說個準。當然蒸餾的概念在非洲或歐洲都尚未普遍。

之後又出現各種可能的線索：有些東西**聽起來**像烈酒，但可能不是烈酒。例如在十二世紀，亨利二世（Henry II，一一三三～一一八九）的英格蘭軍人興高采烈打劫愛爾蘭修道院，發現好幾桶不知名的飲料會使他們喉嚨發燙，且三兩下就讓他們笨手笨腳。聽起來很像烈酒吧，很可能正是。畢竟修道院既是科學中心，也是飲酒中心。不過那也可能只是加了香料的濃烈麥酒，真相永遠不得而知。

中世紀鍊金術與醫學書籍簡直像是用密碼寫的，而且極度晦澀，參考價值不大。但是到了十五世紀左右，開始出現一些以蒸餾酒精當作藥物的記載。只是，有病患想必發現藥物很美味，會讓他們喝醉。這些人想喝更多，但蒸餾酒精很昂貴。

一四九五年，蘇格蘭的詹姆斯四世（James IV）向修道院買了幾桶威士忌——當時也稱為「生命之水」（aqua vitae）。這訂單相當於數百瓶，遠超過維持健康所必須。不過，詹姆斯四世畢竟是國王，買得起這麼多酒，修道院又是專業機構，或許是極少數能大量製造烈酒的地方。

一百年後，英格蘭出現一間供應生命之水的酒吧，就在倫敦之外。那仍是多數人聽都沒聽過的新奇飲料。到了十七世紀下半葉，西歐掀起烈酒風潮，法國人突然熱愛起白蘭地，荷蘭人熱愛琴酒。同時，英國人忙著內戰，之後由清教徒統治——他們對烈酒沒有興趣。

到了復辟時代，英國貴族從法國回來，引進對諸多新奇飲品的喜好：香檳、苦艾酒與白蘭地，悉數成為貴族的飲料。不過英國人對這些新歸來的崇法貴族抱有疑慮，直到一六八八年，情勢轉為急迫，英國把君王驅逐到法國，迎來新的荷蘭君王，即威廉與瑪麗。帶來琴酒的，就是威廉[44]。

琴酒

琴酒會在英國大受歡迎有四個理由：君王、軍人、宗教、終結世界飢餓。仔細想來，這些都是很好的理由。有些歷史學家加上「討厭法國」，當成第五個理由。

第一，君主。威廉三世國王喜歡琴酒，因為他是荷蘭人，荷蘭人喜歡琴酒。

第二，軍人。荷蘭軍人喜歡琴酒的原因有二。他們是荷蘭人，而琴酒可賦予荷蘭人特殊的英勇。直到今日，英語仍以「荷蘭人的勇氣」（Dutch courage）來表示喝酒壯膽。

第三，這時期歐洲國家不斷彼此交戰，通常是新教徒與天主教徒之爭。英國與荷蘭都是新教徒，因此英國軍人和荷蘭人並肩作戰，一起喝酒，回到英國時帶回了宿醉以及

44 瑪麗二世原為英王詹姆斯二世的女兒，嫁給荷蘭的威廉三世。一六八八年，詹姆斯二世不顧多數英人意見，欲將天主教定為國教。權貴暗中邀請荷蘭的威廉夫婦成為英王。威廉三世率軍登陸英國，攻下倫敦，將岳父詹姆斯二世趕到法國。瑪麗二世與威廉三世共治英國，分別為女王與國王，一般常稱為「威廉與瑪麗」共治。

對琴酒喜好。因此琴酒是英勇的，是新教徒的。

第四，世界饑荒結束。從不可考的年代開始，世上每個國家都發生過歉收的問題。在正常情況下，農人生產的糧食會剛好足夠供給大家，不會生產更多，以免賣不掉。但是歉收的荒年時常發生，這時穀類產量不足，農民卻一點也不會不開心。

農耕經濟有個有趣的層面：荒年代表穀類不足，而穀類不足代表穀類價格上揚。這表示在收成不佳的時代，農民賺的錢其實和豐收年差不多，但要做的事情比較少。碰到荒年會遭殃的是窮困者與政府。政府最慘，必須忍受窮人的不滿，以及他們可能騷動作亂。

威廉三世認為，他有辦法解決這個問題。琴酒是用穀類釀造的，而且穀類的品質並不特別重要，一旦經過發酵蒸餾，根本品嚐不出差異。因此，如果他能讓琴酒在英國普及，就能在收成正常的年份幫生產過剩的穀類找到市場；這也表示荒年降臨時，會有比較多穀類，彌補糧食的缺口。儘管過剩的穀類不算優質，但可以吃。這麼一來，他就能永遠解決饑荒的問題。要達到這個目的，得先讓琴酒非常、非常受歡迎。

要使琴酒普遍，首先得比啤酒更容易取得。琴酒必須完全免稅，不受控管，讓想蒸餾的人隨時都可以蒸餾。此外，必須禁止法國白蘭地進口。反正威廉三世無論如何都會禁絕法國白蘭地，因為他和所有明智的英國君王一樣，已和法國交戰。

日內瓦夫人是恐外的荷蘭母親與英國二等兵之女，她就是在這種情況下，來到可怕的倫敦大都會。

倫敦

西元一七〇〇年的倫敦是世上最大的城市。問題來了。英國社會井然有序，前提是人們以小單位住在一起，最好是鄉村。那裡沒有足夠的警力，但其實在人們彼此熟識的村子裡也不需要警力。從我們的標準來看，國內的法律很少，也不太用得上。若你住在人人都愛管閒事的鄉村，光是社會壓力就足以穩固社會常規。人們只要有夠多的八卦和充滿責難的嘖嘖聲，世界就可以維持秩序。沒有人敢逾越身分，假裝自己是別人，沒有人能和自己的過往一刀兩斷。

甚至還有社會安全系統——教區。任何教區居民若窮困潦倒，都可以求助教區，得到些許幫助，雖然不多，但至少可逃過赤貧的命運。

後來，大家搬到倫敦，雖不是一下子搬過來，但在書裡就當作差不多是這樣吧。當時甚至謠傳倫敦的街道路面是用黃金鋪成的，男人可以發財，女人有好歸宿。在倫敦，什麼事都可能發生，想當什麼人就當什麼人。倫敦就是不一樣。

平心而言，倫敦確實不同。在英格蘭，只有另外兩座城市的人口超過兩萬人，倫敦卻破天荒地擁有六十萬居民。這裡的生活和鄉村截然不同，你可能變得默默無名、無人聞問。人們很驚訝地發現，走在街上遇不到**半個**認識的人。這情況實在太令人意外，甚至有人因此向報紙投書描述這種驚人發現。

你可以打扮自己。如果你裝扮成出身高貴的人，沒有人知道你其實不是。這也很令人吃驚，基本上整個社會至此秩序大亂。某個看似高貴的男子其實是裝出來的；某個衣衫襤褸的男子昨天可能還待在上流社會的晚宴，只是遭逢第一次股市大跌，也就是史稱的「南海泡沫事件」（South Sea Bubble）才淪落街頭。倫敦到處充滿戰功彪炳的人，如果你不叫他「上校」，可能會挨揍。你可以搗蛋，可以演出，沒有人知道你的底細，你可以隨心所欲。什麼事都可能發生，包括赤貧。教區社會安全系統的特點在於，只在你出生的教區能發揮作用。在倫敦，就算你三餐不繼，也只能獨力解決。

但你也不完全是一個人。倫敦有很多窮人住在貧民窟，以及西敏區和東區周圍的簡陋小屋區。這些人的日子過得悲慘至極。他們必須遺忘。他們需要完全不受控管的飲料，好三兩下就醉到不省人事，且必須完全免稅，因此這些飲料非常便宜。他們想立刻醉倒在窮人的床上，需要日內瓦女士如母親般的安慰；或者，正如標準的宣傳口號所言：「一分錢喝醉，兩分錢醉倒，乾淨禾稈墊免費躺。」

喝琴酒

我在本書中試著記錄飲酒的地點、時間與飲酒人。從前述的社會經濟紛擾中，倫敦的窮人們究竟到哪裡喝琴酒？何時去喝？向誰取得琴酒？答案是隨時隨地，可以向任何人買酒。

若想成立琴酒鋪，幾乎不需要任何準備。好吧，需要琴酒。你可以去大型蒸餾廠（稱為麥芽蒸餾廠）買一加侖左右的原釀烈酒，把這桶酒帶回家，蒸餾**第二次**。這很重要，經過這道手續的琴酒會變得比今天的琴酒濃烈許多。雖然學者尚無定論，但當時的琴酒酒精濃度可能高達百分之八十，是今天任何酒類的兩倍以上。在進行二次蒸餾時會加入一些調味劑。杜松子很重要（可是並非不可或缺，詳見後文），你愛加什麼就加什麼，讓酒更帶勁。松節油很受歡迎，硫酸也是——雖然有礙健康。沒關係，總之你可以開琴酒鋪了。

琴酒鋪只是位於破舊建築中的小空間，就這樣。《倫敦雜誌》（*London Magazine*）寫道，在較窮困的地區，「幾乎每棟房子的某個部分就是琴酒鋪，通常位於地窖，有時在閣樓。」這話並不誇張。位於今天大英博物館南邊的聖吉爾斯區（St Giles），每五個房間就有一間是琴酒鋪，裡面滿是髒兮兮的窮人借酒澆愁，或喝酒之後倒頭大睡。要是懶得走樓梯到地下室或閣樓，在街上也買得到。到處都有一大堆人在賣琴酒。

> 如今底層人民若缺少其熱愛的甘露酒，就活不下去。那是令人懶散的琴酒，是萬無一失的解藥，使人無法謹慎思考與節儉。琴酒能讓人擺脫思慮清晰時帶來的痛苦，且能短暫解除迫切需求無著落的折騰感。把這種酒販賣給身陷此情況的烏合之眾的，通常是

最下等的男男女女，但多數是歷經風霜、虛擲青春的傢伙。那邊有個老邋遢鬼，戴著髒臭的假髮擠在街角，推薦少許琴酒給路人；另一人衣衫襤褸，籃子裡擺了幾瓶酒，在人龍最短的地方搖晃著酒瓶，扯開嗓子叫賣；再遠一點，你會看到第三個人，他大膽走入河水中，在不穩定的水流中叫賣（此處是指泰晤士河船伕）；再高一點的地方，有個年老色衰的婦女一邊喝琴酒，坐在貨物上作夢，而一旁是身穿軍人外套的凶悍女兒，迅速販賣酒鬼的慰藉。他們之間盡以惡言相向或喃喃自語，每兩個字就有一個詛咒，絲毫不稍微更動話語的意思。

他們會喝多少？好幾品脫。你或許在想，這怎麼可能？方才提過，這東西的酒精濃度高達百分之八十，哪有人能喝好幾品脫還不喪命？他們真的喝到掛。在琴酒鋪當場死亡的人數很多，慘不忍睹。一七四一年，幾個倫敦人在郊區紐因頓格林（Newington Green）的邊緣，遇見一個農場工人。他們「說是鬧著玩，給了他三、四品脫琴酒，每喝完一品脫就賞他一先令。他果然三兩下就喝光，卻當場斃命。」

這個例子特別有象徵意義。部分原因在於，這傻傻的鄉巴佬來到倫敦，馬上死於琴酒。但**他可能並不知道後果**。這位鄉下人平日或許習慣喝好幾品脫的麥酒，一天的任何時候都可以喝，包括早餐時間。為什麼不試試看這新鮮的玩意呢？

對我們來說，答案很清楚。但是我們所在的社會已距離琴酒引進的時間長達三百年之久，烈酒早已社會化。新的藥物之所以危險，並非因為藥物本身危險，而是因為社會尚未設下如何使用的規範。理論上來說，未來某個時間點，古柯鹼會完全社會化。屆時人們會知道，只有星期四的下午茶時間可以抽古柯鹼，而且只能用一小顆粒的結晶。你的祖母會幫你加熱菸斗，你則和教區牧師禮貌對話，這時他分送小圓烤餅。抽快克時**總是**會搭配小圓烤餅。

但我們今天尚未這樣抽古柯鹼，當年也不是那樣喝琴酒。當時的人未必是用品脫，一般的量是夸脫侖（quarter）或四分之一品脫，想要加水稀釋也可以。無論如何，現代人如果這樣喝也會生病。

飲酒失控了，這對掌控社會秩序的上層社會來說很可怕。有位名叫威廉・博德（William Bird）的人在肯辛頓有間漂亮的宅邸。他有個女僕，叫做珍・安德魯（Jane Andrews）。在一七三六年的某個早上，威廉出門，讓珍掌管家裡。珍是個認真的女

> 孩，所以
>
> 她關上博德家的門，前往肯辛頓鎮常造訪的琴酒鋪，遇到她認識的衛兵鼓手、掃煙囪人，以及一位女性旅人。她邀請這些人回主人家，大夥兒從早上十點狂喝到下午四點，這時珍．安德魯向這群人提議……他們應該一起上床；於是他們旋即關上門窗，雖然那時才下午四點，他們脫光衣服，四人上了同一張床（這位女僕稱之為「換換口味」）。他們就躺在那邊，直到有一群人聽到這件事，包圍了大門，打擾了這作樂的一群。

這故事之所以令人不安，並非因為掃煙囪者會破壞你乾淨的床單，而是代表著社會秩序崩壞。想像一下，能雇用僕人的有錢人在報紙上看到這則報導，會作何反應。你會怕到不敢離家。如果掃煙囪者在**你的**床上換換口味，那簡直是革命。

這故事讓人坐立難安的另一個層面，在於珍和日內瓦夫人一樣是女人。女人愛喝琴酒——這是幾乎不分性別的飲料；女人也會喝啤酒，但是喝的量不大。琴酒或許較都會化，有新奇、流行的色彩，因此吸引女士。這讓男性苦惱，他們寫下無數的小冊子，說琴酒會讓女孩變得淫蕩（這很糟糕），讓她們做愛、懷孕，而在懷孕期間，大量的琴酒會傷害胎兒（這倒是真的）。之後，等到畸形的寶寶出生，琴酒又讓婦女成為不好的媽媽與育嬰女傭。最後一點恐怕是真的。育嬰女傭瑪莉．艾斯威克（Mary Estwick）曾在照顧孩子時醉倒，使得孩子著火。你或許會認為這是失職，但驗屍官的判決是，她是個好女人，是「因為致命的酒」才犯下大錯；另一名育嬰女傭更嚴重，她在添柴火燃料時，誤把嬰兒當作木材，後果當然不堪設想；還有朱笛絲．德福（Judith Defour）的例子，她注定要成為使琴酒臭名遠播的代表。

朱笛絲．德福是窮苦的女人，喜歡喝琴酒。她有個兩歲的女兒叫做瑪麗。由於父親早已失蹤，朱笛絲養不起孩子，遂將她送到教區濟貧院，而濟貧院給了她一套漂亮的新衣。星期天早上，朱笛絲離開紅磚巷（Brick Lane），穿過草原，來到濟貧院，要求帶瑪麗出去一天。

母女倆大約在早上十點離開，到了下午，朱笛絲和一位叫蘇琪的女性見面，兩人開始喝酒。大約七點，她們的錢用完了。朱笛絲說，蘇琪出了個主意：把瑪麗的衣服賣掉，買更多琴酒來喝。那時是一月，天色已黑，她們脫光小瑪麗的衣服，把她留在草原上的陰溝，回倫敦去買更多琴酒。不過瑪麗在寒冷的陰溝不停哭泣。朱笛絲不能讓她在那裡哭，於是回到瑪麗身邊，把她從陰溝裡抱出並掐死。之後她將女兒的遺體扔回陰溝，繼續去買醉。她說：「我們一起離開，把外套和緊身衣賣了一先令，襯裙和長襪賣了一格羅特。我們平分了錢，之後又一起喝夸脫命的琴酒。」

那天稍晚，朱笛絲告訴同事自己做了什麼事。她遭審判，處以絞刑。

必須注意的是，並非所有女性都因為琴酒而殺了自己的親骨肉。朱笛絲的母親說，這人「精神不正常，老是四處鬼混」。談論琴酒造成的瘋狂舉動時，很難說這些恐怖的故事哪些是捏造的、哪些又是真實的。甚至後來謠傳有兩個女性一起喝酒，同時自燃起來[45]。

無論如何，朱笛絲．德福成為許多人討厭琴酒的象徵，也直接促成一七三六年的琴酒法案。

45 這消息得到正視，皇家學會（Royal Society）還展開討論。

禁絕

琴酒在一六九〇年引進英格蘭，到了一七二〇年代，民眾發現倫敦街頭隨處可見不省人事的酒鬼。他們會把衣服賣掉，換琴酒喝（公然裸露又是另一個問題）。一七二九年，第一次琴酒法案通過，開始規範琴酒並徵稅，而琴酒的定義，就是以杜松子調味的烈酒。蒸餾廠為規避法規，狡詐地不在烈酒中加入杜松子。他們只賣純的烈酒，之後還火上添油，稱之為「國會白蘭地」。

一七三三年通過的法案效果也差不多。但是在德福女士案件之後，琴酒濫用的情況終於受到嚴正看待。一七三六年的法案規定，琴酒販售者必須有執照，執照費一年五十英鎊。這在當時是很大一筆錢，相當於今天一萬英鎊以上。民眾想迴避，不取得執照，但照賣琴酒。事實上，政府發出的執照只有兩張。

政府為展現公權力，遂提供獎金，給舉報非法販售琴酒的人，豐厚的獎金引來不少人通風報信。而民眾的因應方式是集結成群，把「抓耙仔」打死。同時，為了取得琴酒，人們訴諸「假貓」。

發明假貓的人是杜德里．布萊德斯崔（Dudley Bradstreet），他曾寫過一段自傳。我認為由他現身說法才夠精采：

一群人吵吵鬧鬧，想喝他們最愛的酒，但現在已搞得沒多少人敢賣。於是我靈機一動，想到一門生意。我買了法案，拜讀幾次，發現沒有任何當局人士闖入門裡，逮個正著，因此通風報信的人一定知道賣琴酒的地方是租給誰。為了迴避這點，我請個朋友幫我去聖路加教區的藍色船錨巷（Blue Anchor Alley）租房子，他再私下把這筆交易轉給我；之後我把這房子改造得很隱密，還到穆爾菲茲（Moorfields）買了貓招牌，釘在靠街的窗戶上。之後，我接一條鉛管，較小的一端大約為一吋，裝在屋外招牌的貓爪下；另一端則連到屋裡，裝有漏斗。

等酒鋪準備營業時，我詢問倫敦哪間蒸餾廠的好琴酒最有名。幾個人推薦霍本的某戴爾先生（Mr L-dale）。我去找他，把我所擁有的十三英鎊全給了他，身上只留用兩先令，並告訴他我的計畫，得到他的贊同。這批酒送到我的房子，放在後面可以進出的地方。等酒放好之後，我請人去告訴民眾，明天這房子窗戶邊的貓會賣琴酒。屆時他們把錢放到貓嘴，那裡有洞可以把錢交到我手上。到了晚上，我窩在客廳，黎明即起，準備迎客人上門。我等了足足三小時，差點對這計畫絕望；最後我聽到錢的匡噹聲，有個令人安慰的聲音說：「小貓，給我兩便士的琴酒。」我馬上把嘴巴放到管子，叫他們從貓掌的管子拿酒。之後我量了酒，把酒倒進漏斗，他們很快就拿到酒。不到晚上，我賺了六先令，隔天超過三十先令，之後每天大約三、四英鎊。

他把錢花在妓女和生蠔上。

當時的人稱這種販酒機為「小貓機」，風靡全倫敦。一群群窮人聚集在小貓機周圍喝酒，讓琴酒法案顯得很愚蠢，政府顯得很無能，倫敦則顯得美妙不已。

於是政府通過更多琴酒法案，多到讓你覺得無聊。後來在一七四〇年代提出了一個重要概念，並不是設法禁絕琴酒，也不是徵重稅，而是一開始只收一點點稅，並慢慢提高酒稅。這是個好的想法，但不知為何，琴酒的消耗量減少了。琴酒魅力退去，飲酒風潮消失。一七五〇年，令人驚訝的事情發生：連年歉收。

六十年前，奧蘭治的威廉國王為穀物短缺所做的規畫終於派上用場，足以製作麵包供大家吃。這是個奇蹟，只要你沒喝到掛或自燃，那麼琴酒就完成了任務。

琴酒狂潮不再，卻澈底改變英國社會。它使得統治階層害怕都會窮人。那不光是因為他們看不慣下層社會的飲酒習慣，更深恐他們目無法紀，還會集結鬧事。琴酒在倫敦街道上創造出看得見的下層階級。而要應付這些看得見的下層階級，唯一合理的做法就是把他們送到其他大陸。美國和澳大利亞因而誕生。

AUSTRALIA

第十五章

澳大利亞：殖民地與罪犯的酒

澳大利亞原本應該是禁酒文化的殖民地。歷史上有許多沒能得逞的大計畫，例如拿破崙進攻莫斯科、毛澤東的大躍進、希特勒的千年德國；而我最喜歡的，是禁酒的澳洲。

第一代雪梨子爵（Lord Sydney，即托馬斯．湯森〔Thomas Townshend〕）看上澳洲時，帶著強烈的道德感，想把這裡變成烏托邦。罪犯送到這裡並非來受苦受難，而是洗心革面。改過自新之道在於認真工作、新鮮空氣、大自然，以及多少能振奮人心的事物。這裡沒有酒，也沒有錢——沒有這些東西，就沒有犯罪。

這個計畫沒能發揮多少作用。事實上，還在英國普利茅斯（Plymouth）時就行不通了。第一艦隊在一七八七年啟航時，包含三組人馬：罪犯、看守罪犯的海軍陸戰隊，以及民間委託的水手，後者負責駕船，之後直接回家。水手可以喝點酒，但海軍陸戰隊被告知不行，因此不太高興。事實上，他們「超不爽」，因此上書給指揮官，要他拒絕這項命令。他們還寫道：「因為氣候改變、身體極度疲累，可能導致生命危險……酒是保命所不可或缺。」

雪梨子爵得知「駐守部隊的不滿」，於是讓步，但只是部分讓步。他讓海軍陸戰隊（只有海軍陸戰隊）抵達殖民地的頭三年可喝酒。之後，澳洲就要成為禁酒的殖民地。

澳大利亞原本或許是個美好的地方。一份給予第一任總督的早期草案（有點像這國家的宣言），特別指出他應該：

以法律制裁冒犯天主、瀆神、通姦、淫亂、一夫多妻、亂倫、褻瀆主日、口出穢言與酒醉者，並應嚴格執行……

我想這規定應該有部分效果，至少沒聽過澳洲有一夫多妻者。

總之，第一艦隊抵達澳洲，人員開始下船。這過程比聽起來要複雜。首先下船的是海軍陸戰隊員。幾天之後，男性罪犯登陸；再過幾天，女性罪犯登陸。艦隊的軍醫描述當時那歡淫的情況：「男性罪犯在女性登陸之後很快撲上來，我無法描述那晚淫蕩混亂的場面。」上帝展現了祂的旨意，用雷電擊斃殖民地的七頭羊與一隻豬。

但真正的問題是，酒何時可以下船。第一任總督亞瑟．菲利普（Arthur Phillip，一七三八～一八一四）已見到女人的遭遇，不希望自己認為有真正價值的東西也遭受同樣命運。因此殖民地的酒就放在第一艦隊的補給船費許布恩號（Fishburn）上，直到可存放烈酒的穩固倉庫蓋好[46]。菲利普如此小心翼翼是完全正確之舉；在他擔任總督期間，殖民地所有的犯罪要不是試圖偷這珍貴的飲品，就是因為喝了酒而犯下暴行。

至於嘗試自行釀啤酒究竟從何時展開的，是個傷腦筋的問題，但保守估計，是從第一天就開始，到一七九三年已確有記載。澳大利亞的環境向來不太友善，動植物皆是由

46　我雖然無法確定，但目前就我所知，新南威爾斯的第一棟建築是間穩固的酒窖。

惡毒與想復仇的神祇所設計。不過別忘了，南威爾斯真正可怕的地方，在於當時還沒有冷藏或空調。換言之，澳洲沒有冷啤酒。在早期，只能喝蘭姆酒。

這項好東西還得靠進口。一七九二年，皇家上將號（Royal Admiral）來到雪梨灣，船上裝載蘭姆酒與啤酒。菲利普說，他們可以賣啤酒，但不能賣蘭姆酒。因此船長就合法販售啤酒，非法販售蘭姆酒。隨行牧師記錄下這歡樂的結果：

> 後果是發生許多酒醉的情況。一些殖民者擺脫當初遵守的限制，做出最不妥當的行為：毆打妻子、傷害家畜、踐踏傷害農地上的收穫，並破壞其他人的土地。

一七九二年，菲利普放棄了，返回家鄉。繼任者是法蘭西斯·葛羅斯（Francis Grose，一七九二至一七九四年擔任新南威爾斯總督）[47]，他處理飲酒問題的手法稍微高明一點。如果禁止不了烈酒流入殖民地，就試著控制。烈酒依然是非法的，而英國政府仍夢想新南威爾斯省是個改善道德的模範，人人清醒，如蜜蜂般勤勞。因此在一七九三年，另一艘蘭姆酒船抵達海灣時，葛羅斯宣布他不想買，真的不想買，但「不得不買」，才能避免蘭姆酒落入罪犯手中。之後，葛羅斯把蘭姆酒分給軍中同袍，他們再把蘭姆酒賣給罪犯，轉賣的價格飆漲約百分之一千兩百。

葛羅斯船長是軍人，來自特殊的軍營。這支以守護新殖民地為目的的軍隊稱為新南威爾斯軍團，又稱第一〇二步兵團、植物灣騎兵團、蘭姆軍團、蘭姆酒桶軍團、可惡的蘭姆酒軍隊。蘭姆軍團是英軍中最糟糕的一群，許多成員是被其他部隊趕出來，只好接受前往澳大利亞的徵召，以取代軍法審判、監禁或絞刑（有些人選擇被處以絞刑）。澳洲不是個什麼光彩的好地方，這裡沒有光榮的戰役要打、沒有錢財可撈、沒有將軍的美麗女兒可追求，沒什麼東西可喝。這裡不是印度、南非，或任何美好之地，而是缺乏農耕、冷藏、不友善的大陸，女人確實全都是犯罪的妓女。這裡沒錢可賺，因為真的沒有錢——雪梨子爵這部分的計畫倒是保留著。

那麼軍人賣蘭姆酒賺取什麼？想了解殖民地的運作，就要知道這個答案。當時的澳大利亞是以物易物的經濟體，工作是為了換取食物、土地，或任何你剛好有的東西。這

47 他的父親也叫做法蘭西斯．葛羅斯，是知名辭典學家與水彩畫家。

裡絕大多數人口是罪犯，他們的勞動是被迫的；如果你要他們做的事超出他們必須做的範圍，就得給他們一點好處交換。而在這南半球的地獄之洞，唯一能帶來樂趣的**東西**就是**蘭姆酒**。這表示，誰控制蘭姆酒的供應就控制了這大陸。這位天才是葛羅斯上校。

多數歷史學家會告訴你，蘭姆酒是新南威爾斯的貨幣，但實情可不只如此。蘭姆酒是社會控制的工具。蘭姆酒很弔詭：控制蘭姆酒的分配固然像是專制暴政，但飲用蘭姆酒卻創造出混亂的無政府狀態。接下來二十年，蘭姆軍團會掌控蘭姆生意、大發一筆橫財，但更重要的是，讓他們大權在握。一連幾任的總督從倫敦前來，奉命阻止此地的烈酒交易，卻無能為力，因為烈酒交易是這裡唯一的權力槓桿。

接下來抵達雪梨的總督是一七九五年的約翰．杭特（John Hunter）。他帶著一張紙，上頭命令要終結蘭姆酒交易。軍人客氣地告訴他，他可以如何處理這張紙。一名年輕的上尉約翰．麥卡瑟（John Macarthur，後來成為澳洲羊毛產業的推手）向他解釋，蘭姆酒是唯一請得動罪犯工作的方法，而杭特認為，他幾乎什麼都沒辦法做。他明知把酒分配給完全由罪犯組成的人口可能是愚行，但還是睜一隻眼、閉一隻眼。他接掌總督的一年之後，曾懊惱寫下蘭姆酒引發的後果：

宗教的光芒幾乎絕跡。賭博盛行，強盜頻傳，我尚須憂心近期幾起駭人的殺人案。簡言之，此地綱紀廢弛，目無法紀。

蘭姆酒倒也有好的一面。例如上帝就得靠蘭姆酒，讓罪犯付出勞力，興建澳大利亞的第一座教堂。罪犯獲得五十磅肉、三磅菸草、五磅茶與二十加侖蘭姆酒。罪犯說不定覺得內心暖暖的，知道自己在服事上帝，但也很可能是因為蘭姆酒。

蘭姆酒還有數不清的缺點。雖然沒有太多關於飲酒的確切敘述留存下來，但賭博似乎是固定活動。殖民地唯一一名神父曾如此描述喝酒賭博的情況（這人也真是忘恩負義）：

這群罪犯賭博賭得誇張，有人失去了補給、金錢[48]與備用衣物之後，連悲慘身軀上的衣服也賭上，但也輸光了，只能赤裸裸站在同夥間，卻絲毫不在意，正如他們國家昏

48 此時銅幣與西班牙銀元已慢慢流入此經濟體。

瀆的原住民。

重要的是，人們並非時時喝醉。酒不是無限制供給。供給必須是有限的，蘭姆酒軍團才能坐擁財富、掌握權力。軍團指揮官以少見的坦誠寫道：「烈酒進口的限制過多，反倒大為提高殖民者想擁有酒的欲望，也絕對增加他們起初想消滅的惡行。」

因此希望號（Hope，來自美國的商船，一七九三年抵達澳洲，載運了七千五百加侖的蘭姆酒）載運的蘭姆酒，是社會混亂的根源，也是社會掌控的工具。神父說，罪犯「毫不猶豫，不擇手段，願意為了酒付出勞力，更勝於任何補給品與衣物。」

蘭姆酒叛變

殖民地需要整頓、需要禁酒、需要有人制止惹麻煩的蘭姆酒軍團。殖民地需要一個無人敢抗命的人，更別奢望叛變。因此一八〇六年，英國政府指派威廉・布萊（William Bligh，一七五四～一八一七）海軍中將擔任總督時，令人跌破眼鏡——沒錯，就是在邦蒂號叛變事件（布萊當時被趕到邦蒂號的小艇上）的船長布萊。我想，政府的算盤認為已是十七年前的事，因此沒有人會再對布萊叛變。

布萊不是個好相處的人。他的世界觀是：別人都錯，只有他對。他對新南威爾斯軍團的看法是，他們頂多是「大玻璃（bugger）、壞蛋與惡霸。」[49]

布萊一點也不喜歡這「危險的民兵組織」。他當然不喜歡他們覬覦他女兒瑪麗，也絲毫不打算妥協。他要對抗麥卡瑟上校，他是個不誠實、狡詐的軍人，靠著販賣私酒，成為殖民地首富。布萊是個徹頭徹尾的混帳，麥卡色則是狡詐騙人的混蛋。

布萊沒收了麥卡瑟的酒場，麥卡瑟憤怒極了，要求布萊歸還他（完全非法）的財產。布萊拒絕，還變本加厲，喚麥卡瑟到法庭。麥卡瑟倒是歡歡喜喜出庭，知道由軍人與自由殖民者的陪審團早就在他掌握之中，而且他們都討厭布萊。審判當天，陪審團一開始就為麥卡瑟歡呼，聚集在法庭周圍的一大票軍人也是。布萊這位天生易怒者更加火

49 當年的bugger大概是指同性戀。這有點奇怪，因為許多歷史學家認為，邦蒂號叛變是直接肇因於布萊和弗萊徹．克里斯蒂安（Fletcher Christian）之間的詭異關係。布萊在被要求描述克里斯提安的身體時，布萊提到他屁股上的刺青。他會知道這一點或許有很清純的原因，但我一時想不出來。

冒三丈，找來軍隊指揮官喬治・約翰斯頓少校（George Johnston），要他管教手下。約翰斯頓以短信箋回覆說他很抱歉，由於昨晚喝醉，出了車禍，身體有點疼痛，恐怕愛莫能助。

布萊氣沖沖回到總督宅邸，思考對策。另一方面，麥卡瑟早已知道下一步該怎麼做了。需要一點蘭姆酒。

當天稍晚，軍人把麥卡瑟從牢裡釋放出來，這時他已經準備好一封信，懇請約翰斯頓少校逮捕布萊，並掌管殖民地。他很快得到一百四十份連署。當天晚上，三百名軍人聚集在軍營喝酒，唱歌奏樂，前進總督宅邸，簡直一片歡樂。幾乎沒有人抵抗。事實上，唯一擋路的就是布萊的女兒瑪麗，她設法用自己的陽傘對抗三百名大軍。布萊被發現躲在床下。

一八〇八年一月二十六日，在第一艦隊登陸後二十年，澳大利亞發生了唯一一次政變。這天依然是眾人慶祝的澳大利亞日（Australia Day），當然原因是登陸，而不是政變，而整件事情就成為歷史上的蘭姆酒叛變。

現在，約翰斯頓成了澳大利亞的統治者。他是最早踏上這塊大陸的軍人，從一開始就在這裡，甚至娶了一名偷蕾絲的罪犯艾絲特・亞伯拉罕斯（Esther Abrahams），她成了第一夫人。街頭巷尾都在焚燒布萊的人像，軍人則以烤羊肉慶祝，因為這是澳大利亞，凡事皆以烤肉畫下句點。

而且他們喝蘭姆酒。

麥覺理

布萊代表的紀律失敗了，澳大利亞如今掌握在軍人手中，任由不誠實的人及蘭姆酒擺布。這時英國天外飛來一筆。一八〇九年，他們派出新的總督，這總督對那背叛的大陸來說實在完美。他是個軍人、嗜酒狂，也是個騙子。他叫拉克倫・麥覺理（Lachlan Macquarie，一六九二～一八二四），蘭姆酒軍團根本招架不住。

麥覺理的天才在於，他明白大家都是騙子，接受並肯定這事實，之後再比他們更狡詐，騙過他們大家。這就是澳洲醫療系統的開端。

當時的雪梨沒有像樣的醫院，只有簡陋小屋。麥覺理來到此地，奉殖民地大臣卡斯爾雷子爵（Lord Castlereagh）之命，要「禁絕烈酒」。但他不管上級指示，先蓋起醫院。他認為，要支付醫院興建費用，就要販售壟斷權，也就是蘭姆酒的壟斷權。

麥覺理找上三位富有的自由殖民者，提出建議：接下來三年，讓他們有獨家進口六萬加侖蘭姆酒的權利，換一座閃亮亮的新醫院；他連平面圖都畫好了。投資者看了他的提議，自認絕對會大發利市。而相較於酒特許權所帶來的價值，蓋醫院的花費根本不算什麼。這些軍人可能在觀望，盤算該如何因應，沒人注意契約上的小字。

麥覺理在合約上提到，政府會保留販售政府原本已擁有的酒的權利。這條款看起來沒什麼，只是，麥覺理已悄悄囤積七萬六千加侖的蘭姆酒。

等投資者發現時，後悔已經來不及了。麥覺理憑空得到價值四萬英鎊的醫院，不只是憑空，事實上還大賺，因為他持續對富人辛苦進口的蘭姆酒徵稅，又賺了九千英鎊的現金。一場騙局催生了澳大利亞的醫療體系。

這間醫院唯一的缺點，就是這醫院沒那麼好。醫院很樂觀，沒設太平間；又不切實際，沒設廁所；建築物很快被稱為蘭姆酒醫院，不久之後變成雪梨屠宰場（Sydney Slaughterhouse）。如今，這裡是新南威爾斯議會。但這建築物的缺點幾乎可說肇因於麥覺理的一項弱點：寵太太。麥覺理喜歡幫事物命名，且皆以伊麗莎白・麥覺理（Elizabeth Macquarie）為名。直到今日，你可以在雪梨的伊麗莎白街血拚、到伊麗莎白灣搭帆船，或在植物園附近的麥覺理夫人石椅逛逛（Mrs Macquarie's Chair，是將半島上的砂岩鑿成椅子的形狀）。伊麗莎白・麥覺理深愛建築，有一大堆建築藏書，對建築很有熱忱。沒有人確知蘭姆酒醫院的無名氏建築師究竟是誰，但一定是和總督很親密的人。歷史學家大概都同意，那就是麥覺理夫人。

其他飲品

澳大利亞是靠著蘭姆酒建立的。蘭姆酒是叛亂，也是醫院；是權力，也是可喝的貨幣。如今我們把澳大利亞和葡萄酒與啤酒聯想在一起，但那些酒是後來的闖入者，也不是曾經共患難的朋友。澳洲第一本關於葡萄酒的書在一八〇三年推出，那是從法文翻譯過來，且譯者忘了轉換季節，導致農夫在一月修剪葡萄藤。啤酒至少是在一七九〇年才開始小批量釀造。但啤酒不是冰的，而溫熱的啤酒在南半球並未風行。如今，蘭姆酒在她所打造的國家幾乎遭到遺忘，這裡滿是葡萄與福斯特啤酒（Fosters）。不過，我們仍然記得據傳是最早的罪犯拓荒者所唱的歌：

把你的名字刻在我背脊骨上，
把我的皮伸展在你的鼓上，
把我在缺糧島[50]燙平，
從現在到天國降臨。
我會吃你的諾福克麵團，
就像多汁的紅酸棗，
遭處絞刑也不惜，
只要給我蘭姆酒！

50 Pinchgut Island，今稱「丹尼森堡」（Fort Denison），曾有監獄設施，以限制囚犯的口糧作為懲罰。

THE WILD WEST SALOON

第十六章

西部酒吧進化史：美國西進運動

見面時會喝酒，分離時會喝酒，交朋友會喝酒，談成交易會喝酒。在喝酒時爭吵，也靠著喝酒和好。——英國海軍軍官費德里克・馬里亞特（Frederick Marryat），《美國日記》（*Diary in America*）

一七九七年，美國最大的蒸餾廠每年生產一萬一千加侖的威士忌。這間蒸餾廠的主人是美國早期最大的蒸餾業者——喬治・華盛頓（George Washington）。

華盛頓的人生故事相當精采。他在成為威士忌大亨之前，曾在政治與軍事上呼風喚雨。這部分我們別耽誤太多時間說明。簡單扼要地說，他想從政，競選後輸了；之後他又競選第二次，這回免費提供酒給投票者，結果當選了。他於一七五八年在市民議會（House of Burgesses）公告的競選經費如下：

給朋友的餐點：三英鎊〇先令〇便士

十三加侖葡萄酒：單價十先令／六英鎊十五先令〇便士

三品脫白蘭地：單價一先令三便士／四先令四便士

十三加侖的啤酒：單價一先令三便士／十六先令三便士

八夸脫皇家蘋果酒：單價一先令六便士／十二先令〇便士

三十加侖烈啤酒：單價八便士／一英鎊〇先令〇便士

一大桶與一桶潘趣酒，含二十六加侖頂級巴貝多蘭姆酒：單價五先令／六英鎊十先令。

十二磅精製糖：單價一先令六便士／六鎊十八先令九便士

十盅潘趣酒：單價兩先令六便士／一英鎊五先令

九份半品脫蘭姆酒：單價七便士／五先令七便士

一品脫葡萄酒：一先令六便士

當時合格的投票者僅有六百名[51]。

至於他的軍旅生涯就沒那麼有趣。基本上，他提出了一個聰明的點子，把每人的蘭姆酒配給量加倍，因而催生了一個奇怪的東西，稱為美利堅合眾國。之後，他又打了一次短暫的戰爭，目的是要收威士忌稅，之後他終於安定下來，認真經營蒸餾酒事業。他生產了不少種類的酒：四次蒸餾威士忌、黑麥威士忌、肉桂風味威士忌，以及用蘋果、柿子與桃子製成的威士忌。這是門好生意，因為在「美國」這怪異的新創造物中，烈酒非常流行。

一七九〇到一八三〇年間，美國的烈酒飲用量從每人每年五加侖提升到九又二分之一加侖，增加將近一倍。而對於烈酒的喜愛，主要是西進的結果。

51 噢，好吧。這表示每個投票人大約可得到一品脫啤酒、一杯葡萄酒和一品脫蘭姆酒。

北美殖民地一開始只是單純衍生於歐洲飲酒文化，主要以啤酒為中心。朝聖先輩（普利茅斯殖民地的早期歐洲定居者）並非刻意要在普利茅斯岩登陸，但五月花號上沒有啤酒了，因此他們只好停在這裡。

至於興建啤酒釀造廠，則是因為這尚未開發的大陸上的水雖然可以喝，但朝聖者畢竟是歐洲人，依然看不起喝水，仍遵守這到處適用的艾弗里克修道院院長規則：「有啤酒就喝啤酒，沒有啤酒就喝水。」（詳見第九章）或者正如清教徒殖民者威廉・伍德（William Wood）所言，他稱美國的水「是一種更肥的物質，顏色較黑亮，彷彿世界上沒有更好的水……但是眼前若有好的啤酒，我不會比較想喝水。」

但是啤酒的一大問題在於運輸。一桶啤酒很重，酒精含量也沒有一桶烈酒那麼多。如果你要在西邊遼闊的未知荒地前進，篷車隊的空間與載重有限，那麼一桶威士忌可讓你爛醉的程度高出許多。你一離開文明與啤酒廠（兩者是一樣的）的範圍，就會想要一桶烈酒。還有什麼地方比維農山莊（Mount Vernon，喬治・華盛頓的故居）更適合買烈酒？畢竟這裡是以英國海軍上將愛德華・維農（Edward Vernon）命名，他穿著絲毛混紡大衣（grogram），讓水手喝摻了水的蘭姆酒，因此摻水蘭姆酒又叫「格洛格酒」

（grog）。

美國人前往荒野時，總會帶上一桶威士忌（如果喜歡的話，甚至帶上桃子白蘭地）。愈遠離紐約、費城、波士頓等東岸狂飲啤酒的世界，就愈會發現烈酒取代了啤酒。取代的方式很簡單。紐約人就和英國人一樣，會在早餐時喝啤酒。因此在一八二二年，肯塔基州早餐的特色就是「三杯雞尾酒和咬些菸草。」

一八〇六年，一部在紐約出版的官方印刷品這麼定義雞尾酒：「雞尾酒是一種刺激性的烈性酒，由任何一種烈酒、糖、水與苦啤酒做成。」即使在當時，把威士忌當成早餐也有難度，因此摻一點果汁或可隨手取得的任何東西，皆可得到含酒精早餐的所有健康益處（當時仍認為含酒精早餐有益健康），又不會嘔吐。

在十九世紀上半葉，一隻好奇的旅鴿或許會看見成千上萬的人緩緩向西移動。他們要去哪？為什麼？較謹慎的人可能會前往當時農耕地的邊緣，自行蓋個小房子，並主張所有權；如果更有企圖心，就會前往邊疆，直到美國尚未開發的荒野，也就是他們所稱的舊西部。為什麼？因為那裡可以發財。

好萊塢或許把舊西部描寫成相對貧窮的世界，到處是又窮又不誠實的人，偶爾得承受東岸有錢人的闖入。實情正好相反。人們到西部並不會變窮，這想法太愚蠢了。他們會往西方，是因為那裡的薪資比起東岸將近兩倍。西部有各式各樣的熱潮，例如採礦、毛皮、畜牧，勞動力總是供不應求，因此工資飆漲；而東岸人口過多，只能挨餓。

缺點是，西岸的基礎建設發展得還不夠快，沒有公路或鐵路，沒有法庭或治安官，也沒有酒館（女人也很少，但這點稍後再談）。結果是一大堆有錢人，坐擁一大堆財富，有錢沒地方花（而且沒人阻止搶劫）。因此工人到哪裡，有企圖心的酒保就跟到哪裡。

第一間稱為「沙龍」（saloon）的舊西部酒館，位於猶他州布朗鎮的布朗斯谷（Brown's Hole）。這一章談到的舊西部酒館，原文就是「沙龍」，這個詞的命名概念想必是要有點高級、有點法國風，但早期邊疆地帶的酒館絕不是那模樣。舊西部酒館起初是帳篷。如果想賺點錢，或許可以在那打聽新礦城所在；如果自認不適合挖礦，就找個大酒桶、帳篷去那邊。就這樣。有時候兩個酒桶上會放一張木板，充當吧檯，但放眼望去，沒有絲毫與法國沾上邊的部分。以下是關於堪薩斯州帳篷酒館的描述：

THE WILD WEST SALOON

> 這裡由分岔的椿構成……椿支撐一根梁，上面鋪老舊的帆布……這樣就搭好長寬為六呎與八呎的小屋——或許是三呎與五呎半，足以容納兩桶威士忌酒桶、兩只有玻璃瓶塞的圓酒瓶、幾個杯子，還有三、四瓶醃牡蠣，以及兩、三盒沙丁魚，但沒有麵包之類的食物。主人或許比我們更了解經商之道，因此拒絕把明顯有限的資本，分配去投資任何不必要的地方。

羅伊．賓恩（Roy Bean）是個標準的帳篷酒館主人，這一章會反覆提到他。賓恩是個騙子，又毒打了他在德州賓恩維爾鎮（Beanville，地名與羅伊無關）的妻子。一八八一年，他聽說佩斯科河（Pecos River）附近為了興建鐵路，出現了一些工人營地。於是他變賣所有家當，買了五十五加侖的桶裝威士忌和一頂帳篷。之後他出發，找到由八千名飢渴男子構成的營地，開始紮營，展開新工作。

不過有個問題。舊西部之所以是荒野，就是幾乎沒有任何律法機構，最近的法庭在兩百哩外的斯托克頓堡（Fort Stockton）。那八千名鐵路工人沒有酒，也沒有法律。那麼，誰來保護本地人，不受像賓恩這種一無是處的人傷害？幸好有個德州巡警經過此地，看出這問題。他造訪賓恩的酒館，直截了當問他要不要當治安法官。

賓恩說好。

對於像賓恩這樣老是為非作歹的罪犯來說，成為治安法官真是鹹魚翻身。對於這一帶的其他人來說也是個好消息，現在可以求助法律了。大家都很滿意。賓恩非常開心，於是朝他酒館的主要競爭者開槍（那間酒館主人是猶太人），務求撥亂反正。只不過誰是亂、誰是正，完全掌握在賓恩這位治安法官手中。

先暫時放下賓恩法官，幾頁之後再回頭來談，屆時會談到嚴重的種族仇殺。不過，他倒是可以說明這裡的整體模式。首先是有些事業開始發展（這裡的例子是鐵路）、帶來工作機會及錢財。錢財帶來舊西部酒館，而舊西部酒館會帶來法院（或在賓恩的例子是變成法院）。但現在，我們還是回來談談帳篷。

通常帳篷酒保（姑且這樣尊稱）賣完酒之後，就會返鄉。想留下的話有兩個選擇：首先，他可以請人送更多酒來。不過這會牽涉到匯款與合約安排，他可能會覺得很難執行；不然，就是造假酒。

一八五三年出現了一本書《免蒸餾廠的烈酒、葡萄酒與香甜酒製法》（*The*

Manufacture of Liquors, Wines and Cordials without the Aid of Distillation）。實際上沒有聽起來那麼糟糕，這過程還是得牽涉到蒸餾。這本書的主要論點是，善於開源節流的明智酒館主人不會買威士忌或白蘭地，而是直接買純酒精調味，之後稱之為威士忌、白蘭地等等。作者把這做法正當化的理由是，反正歐洲蒸餾廠也是這樣做，美國人卻落後了。此外：

接下來的指示，可以讓你每加侖的酒省下百分之四十到兩百五十；這是最嚴格的檢查也很難檢測到模仿真酒的做法，只有一種化學測試可檢驗出兩者的差異。

我不確定這說法是否完全正確。但就算你不是威士忌愛好者，應該也能看穿陳年裸麥威士忌動的手腳：

食用酒精，四加侖；澱粉酒精溶液，一加侖；茶湯，一品脫；杏仁液，一品脫；以胭脂紅蟲與焦糖酊調色，一盎司；焦糖，四盎司；以冬青油調味，三滴（用一盎司酒精溶解）。

這本書提到「蘇格蘭威士忌」含有「雜酚油，五滴」；牙買加蘭姆酒有硫酸，雖然只有半盎司，仍可能以化學檢驗顯示出來。這些精心調配的飲料或許有精心構思的名稱，例如棺木亮光漆、狼蛛汁、打結的腳與洗羊消毒水。

通常來說，劣酒會隨著真正的酒館出現而減少。不過所謂「真正的」，只是指有「永久建築」。一旦有幾棟永久建築物出現，就會開始競爭，產品也會變得比較好。

競爭與永久建築物很快就出現了。北達科他州邁諾特鎮（Minot）的鐵路工營地，或可稱為「新城鎮」，成立後五週就出現了十二間酒館。從帳篷「升級」的下一步，就是在山坡上挖洞，有點像是在山丘上挖出的單坡屋，天花板上還會滴水。這「豪宅」共花費酒館主人一．六五美元，當時農場工人一日工資約為六十美分。等到需要擴張，還要花五百美元，建造出有假門面的酒館。接著是最昂貴的最後一個階段：五年後，真正的吧檯出現了——以硬木刻成、靠騾子運送，含運費耗資一千五百元。

那麼，最後建成的屋子是什麼模樣？在裡面喝酒的感覺如何？在好萊塢電影裡，大型酒館常設立在城鎮的中心。這是為了營造戲劇效果，強迫英雄和壞蛋起衝突。但正如我們所見，城鎮上酒館林立，英雄和壞蛋會在各自習慣的酒館靜靜喝酒，不會狹路相逢。酒館通常是很狹窄的建築物，多半位於街角，讓招牌更能發揮作用。

最明顯的是，你會發現酒館有個假的門面。門面是把兩層樓的假立面，釘在單層建築的正面。沒有人知道舊西部酒館為何要這樣蓋。這騙不了任何人，因為實際上是不可能的，除非你接近酒館時，是朝著正門直線前進。如果酒館兩邊都有建築物可對照，那麼這門面根本不可能被當真。不過，這門面是下過工夫的，二樓有假窗，有時在根本不存在的屋頂上還有簷溝。當時每個酒館都做假立面，也基於某種原因，每個身處美國的人都容忍這種睜眼說瞎話的情況[52]。

舊西部酒館外面會有地方供你拴馬，當然周圍也免不了有一大堆馬糞。邊疆地帶沒有衛生可言，婦女又很不幸穿長裙。男性一向比較幸運，只是馬刺也沒那麼閃亮了。

你走上木板走道，卻赫然發現沒看到那懸在半空知名的對開小門。原來這種彈簧式

52 想必其中意味著某種教訓，只是我未能參透箇中奧妙。

的小門是個迷思，或許在美國遙遠的西南部地區存在，但絕不普遍。仔細一想也不無道理。對開小門根本不實用，既無法保障隱私，也無法禦寒。在大銀幕上或許很好看，但實際上酒館的門大多是完整的長度，鮮少例外。不過，門倒是有雙鉸鏈，並加上重量，因此開門也頗戲劇性，只要小心別讓門打到你的臉即可。

在電影中，你進來的正對面就是吧檯。這也不對。你走進這狹長的空間，吧檯一定位在一邊，通常是在左邊。吧檯很美，通常是桃花心木或胡桃木等硬木雕刻而成，幾乎每個部分都經過打光。別忘了，正如我們所見，吧檯的耗費可能比興建房子還高出許多。吧檯上方是鏡子，這面鏡子也所費不貲，因此擦得晶亮。這面鏡子和吧檯本身一樣長，也是酒館主人另一項重要的地位象徵。其他擺設多半是便宜貨，大概是前兩樣東西已花光主人大部分的資金。

鏡子本身有幾個目的，一方面讓坐在吧檯的客人留意任何從背後走過的人；另一方面，也能讓他們看著裸女流口水。她就掛在對面的牆上——性感、假古典的裸體畫。她不算是色情，也並不正經。她小心擺著姿勢，以蕾絲遮住私處，但無論如何，她在此誘惑可能好幾個星期沒見到半個女人的孤單牛仔。

在吧檯下方、鋪著鋸木屑的地板上，延伸著一條黃銅杆。這條黃銅杆的目的已不得而知，但客人就是要把一隻靴子踩在這條杆子上，才會覺得自己來到了酒館。怪的是，在一九二〇年代頒布禁酒令時，人們渴望的就是這條銅杆，甚至惆悵落淚。這很奇怪，因為這條銅杆上或許充滿唾液。銅杆下方每隔一段距離會放置痰盂，理想比例是每一到四位客人就有一個。每個來到這邊的人好像都牙痛，但其實只是在嚼菸草。

你把沾著馬糞的靴子，踩在黏著唾液的銅杆上。接著酒保會過來問：「要喝啥？」

你稍微想了一下。你發現鏡子下方擺著幾瓶葡萄酒、香檳，以及薄荷甜酒之類的有趣東西。你旋即發現，這些東西上面已積滿灰塵，原來只是擺好看的。從來沒人點這些東西，要是有人點了（尤其是陌生人），肯定會惹毛其他顧客。你在這裡真的可以買到的酒，只有威士忌和啤酒。坦白說，啤酒也相當可疑。所以你點威士忌，一杯給自己，一杯給站你旁邊的人。這是規矩，就算你不認識他也沒關係。你第一次點酒時一定要多點一杯，待會兒有人進來，也會點一杯給你。但唯一比不買一杯酒更糟糕的，就是不領情。你會挨揍或更慘。

接下來是最複雜、最晦澀難懂的酒館禮儀。怪的是，好萊塢竟然沒搞錯。不苟言笑的英雄走進舊西部酒館時，**從來不問酒的價格**。他就在吧檯上扔幾枚銅板，**也從不要求找錢**。這在歷史上是絕對正確的。

舊西部酒館有兩種：一種是一毛二五（one-bit）酒館，另一種是二毛五（two-bit）酒館。二毛五酒館很豪華，會有娛樂表演、水晶吊燈，甚至有真正的二樓。在二毛五酒館，飲料一律兩毛五；在一毛二五酒館裡，所有飲料（威士忌與啤酒）都是一毛二五，雪茄也是一毛二五。這樣就不用問價格，方便得很。通常外面的標誌會寫上價格，但別人也會跟你講。

一毛二五就是一美元的八分之一，或十二又二分之一美分。這很尷尬，因為美國沒有半美分。有很長一段時間，南方各州接受西班牙銀元當貨幣。西班牙銀元可以分成八份，事實上，確實是分成八等分，因此海盜的鸚鵡總是嚷著「八里爾銀幣」（pieces of eight）。美元因故沿用此做法，遂造成奇怪的後果：喝酒時沒辦法確切找錢。相對地，你如果在一毛二五酒館買一杯酒，你得拿出四分之一美元（二毛五），並拿回十美分的找錢。這表示你第一杯酒實際上花了一毛五（long-bit）；但如果你喝第二杯，你可以用十美分（short-bit）支付。這做法實在愚不可及，比假的立面還蠢，但事情就是這樣。

於是你拿起今天的第一瓶酒，給自己倒杯酒。別倒太少，以免被當成娘娘腔，甚至被槍指著，被迫多喝一點。但也不要倒滿杯緣，以免被嫌貪心，酒保會問說你是不是打算在裡面泡澡。在缺乏法律的地方竟然有嚴格的規矩，實在很奇怪。

你把這危顫顫的一杯酒舉到嘴邊，一飲而盡。這樣能讓你贏得其他顧客的認可和尊敬。你可能會不舒服，但這算是比較小的代價。可別步上走進兩毛五酒館，並支付一毛二五的人的後塵：別人告知這是二毛五酒館時，他說：「二毛五？嗯，我走進來時也是這樣想，但我喝了你的威士忌之後，就想應該是一毛二五吧。」真是出言不遜，不過不像聲稱自己能喝一夸脫辛辛那提威士忌的人。他完成這項成就，而嵌在他棺木上的銀子價值十三．七五美元。

那麼，來到這裡的究竟是誰？男人，通常是白種男人。酒館或許會容忍黑人男子進來，但法律禁止原住民進入。真正非常不受歡迎的族群，是中國人。這很離奇，難以解釋。在舊西部，到處都見得到來鋪鐵路的華工，但大家都討厭他們。這似乎沒有任何理由，卻反而讓人更討厭他們。我們不得不回來談德州酒館的賓恩法官。他曾經手一項案件，有個人被控殺害一名中國人。賓恩查了法律書之後表示，法律明言殺害他人乃是不法之舉，但「如果找得到任何禁止殺害中國人的法律，那他才該死」。

酒館裡的客人到底是誰，實在是一團謎。不過在酒館，詢問別人大名或從事哪一行相當失禮。你們可以聊天，但只能聊中性的話題。那還不如到酒館深處，跟人打牌簡單多了。這裡玩的可能不是撲克牌，而是法羅紙牌（faro）——一種簡單得多，但更碰運氣的遊戲。偶爾有人玩撲克牌，但法羅牌規則很簡單，步調又快，無論多少人都可以玩，因此比較常見。只是法羅紙牌很容易作弊，這下問題又來了，因為在場每個人都有槍。

現在得回來我剛才先迴避的微妙問題：你遭射殺的機率到底有多少？答案很清楚：沒有人知道。當然沒有一般好萊塢演的那麼糟：鋼琴師在彈琴時，一個晚上就好幾起殺人案（順帶一提，鋼琴又大又重，很難搬運，因此只有二毛五酒館有；而自動演奏鋼琴要到一八八〇年代才出現）。但這樣批評好萊塢也不盡公允，畢竟英國皇室也沒像莎士比亞筆下那麼暴力。如果現實世界和戲劇一樣四處殺機，人早就死光了。

問題是，舊西部定義上就是缺乏有效的官僚組織。舊西部恰好是兩件事發生的過渡時期：收入來源，還有法律、命令與驗屍官的到來。

THE WILD WEST SALOON

當然也有傳說軼聞。有人在酒館遭到殺害。蠻牛比爾·希考克（Wild Bill Hickok，當時的民間英雄）、傑克·麥克柯爾（Jack McCall，殺害蠻牛比爾的凶手，最後遭處死刑）、包伯·福特（Bob Ford，黑道分子）、約翰·衛斯理·哈丁（John Wesley Hardin，不法之徒）與其他無數的人，都在酒館遭到槍殺。但容我再說一遍，酒館數量繁多，酒客更是多如牛毛。沒有人會在故事中寫下大夥兒喝個幾杯、什麼事都沒發生的愉快夜晚。人們喜歡寫關於謀殺的故事，因為謀殺很有趣，人人都想看。這才是問題。舊西部在尚未消失的年代就已有傳奇色彩。賓恩法官本身在生前已成為熱門旅遊景點。這個打老婆、殺人、排華的惡棍，對睜大眼睛、來到他酒館喝劣質威士忌的觀光客大敲竹槓，好讓他們說自己見過大名鼎鼎的「佩斯科城西邊的法律」，他去世時因此坐擁龐大財富。神槍手也成了名人。水牛比爾（Buffalo Bill）、安妮·奧克利（Annie Oakley）與坐牛（Sitting Bull）都曾造訪過英國，獲得維多利亞女王接見。

舊西部酒館顧客確實會帶槍，這很正常，但不習慣的人可能會有點害怕。他們當然會帶著槍，有時也會開槍，但未必是刻意造成傷害。赫雷斯·葛雷利（Horace Greeley）就是個心平氣和看待舊西部酒館的歷史學家，他觀察，酒館主人「喝醉時，會漫不經心使用左輪手槍，有時候會朝著彼此開槍，有時候則是朝雜七雜八的東西開槍。」

這可能比一般人所見更接近現實。以下這段關於中西部酒館的描述，就談到人們會為了找樂子，朝燈開槍：

「克朗代克」（Klondyke）……是村子裡的熱門場所，有更大的鏡子，更大的懸吊式煤氣燈，讓想玩射擊遊戲的牛仔很感興趣。酒館主人買了大量的吊燈與玻璃燈罩，放在酒桶旁。

舊西部到處都有槍，今天看來不免令人不安。同樣地，若你帶一八六〇年代的牛仔來到二〇一七年的倫敦酒館，他看見我們漫不經心使用智慧型手機，也會一樣不知所措。如果需要殺人，槍當然能派上用場，但槍也很便於射燈泡或任何標靶。這讓觀光客又愛又怕，或許正因如此，他們喜歡拔槍瞄準觀光客，要他們喝酒、跳舞等等。不過，如果爭吵到後來拔槍了，就代表會出人命。這或許讓爭吵變得更少一些。有個牛仔優美地說：

我喝酒時不跟人吵架，只有在神智清楚、知道自己在做什麼時才吵。因為我喝酒時總是心情愉快。我愛大家，大家似乎也愛我。

現在放下死亡的話題，談談性吧。

良家婦女絕不涉足舊西部酒館。偶爾有關於女酒保的故事，例如據說羅蒂・凱特・洛伊（Rowdy Kate Lowe）射殺過五名男子（包括兩名丈夫），但這是少之又少。不過，酒館女確實存在。她們是介於體面及可租借之間，但程度就不確定。她們會跟你聊天，牽你的手，聽你訴苦，提供女性的安慰言語，那正是孤單的礦工需要的——只要你買飲料給她們。那些飲料看起來像威士忌，實際上是冰茶，而她們給予的言語慰藉或許不是認真的。但重要的是，她們不是妓女，或通常不是（這在當時已很難量化，更何況經過了一個半世紀）。

在西部，女人是奇貨可居。她們很珍貴，非常非常珍貴，而且她們也明白這一點。如果你一星期可以靠聊天賺十美元，又何必當妓女？酸民可能會說，孤單的男人精蟲衝腦；但是浪漫派會說，男人要的不是冷茶的滋味，而是女人的同理心。即使顯而易見是逢場作戲，但只要自己能相信個十分鐘就好。從科學上來看，這是浪漫派少數說對的時刻。既然有假的兩層樓建築、假的威士忌，當然也有假的愛情。反正走到外頭去，後面很可能就找得到妓院。

邊疆地區的拓荒者其實很濫情。在什麼都缺的地方，晚上最後可能就在眾人唱歌自娛中結束，而他們最愛的題材就是母親。母親就像爆炸場景與點描派畫作，遠遠地看似乎很美，而這些男子確實在遙遠的地方。這場合必不可少的金曲，就是牛仔們最愛的〈男孩的摯友就是母親〉：

之後以關愛珍惜母親。
撫撫她銀白的髮絲。
失去了不會再擁有；
無論我們身在何方
這一課是我們會學到的——
男孩的摯友就是母親。

當然你可能比較喜歡沒那麼濫情的另一首歌，那首歌的開頭是：「如果大海是威士忌，我是優游其中的鴨子。」

這首歌可以多長，或你要喝得多醉，其實沒有限制。反正馬清醒著，或許可以帶你回家，的確，如果你忘了馬或暫時無法騎，或許會有人幫你的馬鬆綁，讓牠漫步回家。你也可以繼續喝，沒什麼可以阻止你，有時候阻止也沒用。最後，我們就用一名女子的敘述，為本章畫下句點。女子可是舊西部酒館的稀客。確切地說，這裡寫的是一八五一年聖誕節，加州礦工的酒館：

> 洪堡德酒館（Humboldt）的狂歡在耶誕節晚上展開……一整天下來，隨時可見耐心的騾子走下山坡，一桶桶白蘭地與一箱箱香檳下壓彎了牠們的身子……到了晚上九點，眾人吃起生蠔與香檳晚餐……大夥兒歡樂乾杯、唱歌與說話等等。我想這群人徹夜跳舞，總之我就寢時，他們正在跳舞，我隔天早上醒來時，他們還在跳。狂歡延續了三天，每小時愈來愈狂野。有些人根本沒睡覺。到了第四天，他們終於跳累了，醉醺醺地

在酒館房間躺下，發出最怪異的嚎叫。有些人像狗一樣吠，有些人像牛那樣吼，還有人像蛇與鵝一樣發出嘶聲。許多人已經模仿過頭，自己都變成了動物。

RUSSIA

第十七章

俄羅斯：伏特加帝國的瓦解

一九一四年，沙皇尼古拉二世禁止俄國全境販賣伏特加。一九一八年，這位沙皇及其家人葉卡捷琳堡（Yekaterinburg，又稱為「凱薩琳堡」）遭到集體處決。這兩件事並非毫不相干。

要理解尼古拉的理由並不難，但引來兩面意見。一方面，第一次世界大戰爆發，俄羅斯軍人節節敗退，主要是因為他們喝到爛醉如泥；另一方面，國家有四分之一的收入來自酒稅，而一般來說在戰爭時期，突然斷絕主要收入來源並非明智之舉。

歷史學家很愛爭論，伏特加引發俄國革命的重要程度到底如何？失去稅收毀了這國家嗎？或禁酒使社會緊張惡化？當時俄國的法律就和現在一樣，只適用於在小屋中冷個半死的平民。他們很不高興得知，有錢人待在度假屋中，一口喝掉他們所愛的「小水」（little water）。到高檔餐廳還是可買到伏特加，只是窮人買不起。

還有理論指出，在一九一四到一七年，是俄羅斯史上人民足夠清醒、知道政府到底對他們做了什麼事的僅有的三年。一旦你對人民做了這種事，就需要減少摩擦。這剛好是列寧的意見。他相信宗教是大眾的鴉片，而酒呢，就是大眾的酒。不過他自己不太喝酒，也維持伏特加的禁令。一直要到一九二五年，史達林才鬆綁。

如果你今天住在俄羅斯，你的死因有二十三．四％的機率和酒有關。而對沙皇來說，這風險更高。

在歷史另一端的西元九八七年，弗拉基米爾一世（Vladimir the Great，九五八～一〇一五）統治這剛誕生的王國，他邀請了各大宗教的使節，為人民選擇其中一種宗教。他鄙夷猶太人，因為他們沒有自己的故鄉；他對伊斯蘭很有興趣，因為穆斯林描述了天堂的肉慾之樂（弗拉基米爾一世「喜愛女人與縱慾」）。不過據說伊斯蘭禁酒時，他又變回明智的沙皇。

「飲酒，」他說，「是俄國人的樂趣。少了這項樂趣，我們就無法生存。」

於是俄羅斯就變成基督教國家。

這故事比聽起來更可信。邀請宗教使節，並為人民從中挑選一種宗教，在當時還算是常見的做法。這段話大約在僅僅一個世紀之後，記錄於《往年記事》（*Primary Chronicle*），這是早期俄羅斯歷史最具權威的來源[53]。

而在俄羅斯歷史即將結束、來到今日時，蘇聯領導人米哈伊爾・戈巴契夫（Mikhail Gorbachev）在一九八五年推動戒酒運動。當時正在進行經濟改革，在電視上可以看見他出巡，和民眾對話。有民眾抱怨，像啤酒這種民生必需品太貴了。戈巴契夫回答，酒不是生活必需品。六年後，俄羅斯的共產政權畫下句點。

53 因為也沒有其他來源。

俄羅斯人很愛喝酒，也愛叫別人喝酒，這喜好可追溯到很久之前。早在一五五〇年，神聖羅馬帝國派至俄羅斯的大使就寫道：

莫斯科人是勸酒大師。如果其他方法都行不通，就會有人起身，提議祝大公健康，這時一定會全體乾杯……提議敬酒的人站在房間中央，脫下帽子，主張祝福大公或其他貴族——幸福、勝利、健康——並期盼敵人血管裡剩下的血，和酒杯裡的一樣多。那人喝乾之後，會把杯子倒扣在頭上，祝福君主身體安康。

這習慣讓俄羅斯人很能強迫別人喝醉。前幾章提到的諸多爛醉，往往是飲酒者自己的選擇，或是必須禁止、令人皺眉，也可能僅限於某些時間地點，總之是可避免的。許多文化確實有所有人必須參加的敬酒，但通常是晚上一開始（或彌撒結束時）喝個一、兩杯。希臘會飲或舊西部酒館會要求你到那邊就要喝酒，但你可以不去。當然，喝酒也有社會壓力；如果我是維京人，我會討厭說要喝柳橙汁的人。不過在俄羅斯，強迫大量飲酒是商業、外交，也是政治的一部分。

RUSSIA

說到俄羅斯，絕對會提到史達林這個名字。有意思的是，他其實不是俄羅斯人，史達林也不是他的名字[54]。史達林的恐怖統治人盡皆知，甚至手伸到政府最高層。但在非常非常高層，也就是到了祕密警察首腦貝利亞（Lavrentiy Pavlovich Beria）及赫魯雪夫（Khrushchev，曾任蘇聯最高領導人）的等級，史達林就是用恐怖和灌醉的手段來統治。

這做法很簡單。史達林會打電話到政治局，邀他們來吃晚餐。他們當然不能拒絕。晚餐時，史達林會要他們喝酒、喝酒、再喝酒；他們還是不能拒絕。赫魯雪夫曾經回憶道：

幾乎每個晚上，電話都會響起：「來吧，一起吃晚餐。」那是很可怕的晚餐，我們得接近天亮才能回家，但還是要上班……要是在史達林的餐桌上打瞌睡，就大事不妙了。」

54 他是喬治亞人，真名是約瑟夫．維薩里昂納維奇．朱加什維利（Iosif Vissarionovich Dzhugashvili）。「史達林」是他在革命時的化名，意思是「鋼鐵人」。

史達林只是在自家做了蘇聯人喜歡對所有人做的事。一九三九年，《德蘇互不侵犯條約》（Molotov– Ribbentrop）簽訂後的晚宴上，光是上菜前就已敬酒二十二次。不過史達林的私人晚宴更像噩夢。史達林會一直笑，直到貝利亞模仿季諾維也夫（Grigory Yevseyevich Zinoviev，一八八三～一九三六）被史達林處死前的吶喊，他才哭了出來。這位獨裁者會用自己的菸斗敲敲赫魯雪夫的光頭，命令他跳哥薩克舞。國防副政委總被推進池塘裡。

史達林本人不太喝酒，至少比賓客喝的要少很多。據傳他所喝的伏特加其實是水。貝利亞確實嘗試過這一招，卻被抓到。後來，他豁然說：「既然都得喝醉，那愈快醉愈好。愈快喝醉，宴會愈早結束。反正他不會讓我們清醒著離開。」

晚宴的重點是羞辱政委，彼此對付，而且他們守不住口風。要密謀對抗史達林已不容易，若每天晚上在他面前爛醉，更是難上加難。

這其實不是什麼新鮮事。恐怖的俄羅斯獨裁者硬灌人伏特加的做法，可說歷史悠久，有時候甚至頗有趣。史達林和彼得大帝（Peter the Great，一六七二～一七二五）的差異在於，彼得強灌別人酒的時候，自己也喝一樣多。

關於彼得喝酒的故事各有不同，甚至令人難以置信。有人說，他會在早餐喝一品脫伏特加、一瓶雪利酒，之後又喝八瓶才出門；另一種說法提到的酒量差不多，只是以白蘭地取代伏特加。這也不無可能。彼得大帝身材非常魁梧，身高兩百公分，對烈酒的耐受度超乎常人（或許也能解釋，他為什麼那麼喜愛侏儒）。

如果史達林實際上是把俄羅斯政府變成飲酒社，那麼彼得大帝就是正式把俄羅斯政府變成飲酒社。首先，他創辦「歡樂團」（Jolly Company），這其實是在滑稽地模仿宮廷。要成為其中成員，要先和彼得一起喝酒。這可不簡單。他的俱樂部會所可容納一千五百人和寵物猴，每一場饗宴要先一輪又一輪以伏特加敬酒，確保每個人在上菜前已狼狽不堪。

歡樂團後來演變成「笑鬧酒醉的傻子與弄臣主教會議」，這又是在滑稽地模仿俄羅斯教會。不過這些狂歡者是一群爛醉的政府官員。彼得大帝的祕密警察首腦羅莫達諾夫斯基（Romodanovsky）是其中成員。和貝利亞一樣，他是狂飲者，也會強灌別人酒。羅莫達諾夫斯基有隻馴化的熊，會給賓客一杯胡椒伏特加。要是你敢不喝，這隻經過訓練的熊會攻擊你。

彼得有懲罰那些不喝酒的人的特殊方法：巨鷹（Great Eagle）。這是巨大的高腳杯，可裝一公升半的葡萄酒。要是不喝酒的人被逮到，會被迫一口氣喝完。這規定適用於每個人，不僅限於笑鬧的主教會議成員。彼得知道酒醉的價值，知道強迫別人喝醉而來的權力，以及把別人變成只會嘔吐的可憐鬼又代表什麼權力。丹麥大使曾有一次和彼得大帝同船，沒多久就無法再喝。他為了躲避灌酒，爬到桅桿上，躲在船帆間。不過彼得發現了，跟在後面爬，口袋裝著酒瓶，口中銜著巨鷹。於是大使被迫喝了酒。

彼得當然是了不起的人，通過許多重要改革，尤其是開徵鬍子稅。但他未必是個好人。普魯士大使說，曾親眼看到彼得下令把二十個囚犯與二十杯酒帶到面前。他把二十杯酒全部喝完，每喝完一杯就抽出劍，開心砍下一個囚犯的頭。然後呢，他問大使要不要也試試看。

史達林也很欣賞恐怖伊凡（Ivan the Terrible，一五三〇～一五八四），這人是把酒醉當作就近政治控制的祖師爺。他也要求下屬喝酒：

如果他們沒喝到醉茫茫或發酒瘋，那麼伊凡的朋友就會加入第二、第三大燒杯；而那些不想喝、或不想投入這種背德之舉者，就會遭到撻伐。那群人會朝著沙皇喊：「瞧瞧這人，這人不在您的宴會上享樂，好像怪罪與諷刺您與我們是酒鬼，偽善假正經！」

伊凡對於自己的動機可沒那麼遮遮掩掩。他常帶抄寫員到宴會上，記錄每個人在喝醉時說的話，隔天早上把這些紀錄念給他們聽，並施予懲罰。至於懲罰內容，簡單來說十分有想像力。伊凡是個姦淫擄掠的無賴（有時候會對沒有戒心的僧侶放出飢餓的熊，並露出一副嘲弄的模樣）。不過，他最殘酷的行為應是送更多酒給剛離開宴會的人。這酒由軍人送去，要確保那人當場喝完。

狂飲伏特加的獨裁者都有軼聞，沒什麼奇怪。據說北韓的金正日一年曾花一百萬美元買軒尼詩（Hennessy），就連維多利亞女王也喜歡喝杯威士忌配波爾多紅酒（claret）[55]。不過在俄羅斯，狂飲伏特加很重要，不光是因為飲酒模式延續超過五百年，更因為俄羅斯統治者對自己內閣所做的事，也對人民做。都是伊凡的錯。

55 我發現沒有聽起來那麼難喝。

一五五二年，恐怖伊凡對韃靼的喀山城發動圍城，並征服城市。他在開開心心屠殺居民之時，也保留夠久的時間，讚嘆此地的國營酒館「卡巴克」（kabak）。韃靼政府不僅對酒徵稅，還把所有獲利放進口袋。伊凡趕緊回到莫斯科，興建聖瓦西里大教堂（St Basil's Cathedral）來慶祝，也順便把俄羅斯酒館國營化。

這形成奇特的國營酒館系統。卡巴克由公務員經營，在這裡完全找不到「經營附近酒館開開心心，同時也是社區核心人物的主人」。酒館主人是政府雇員，任務是盡量從村莊榨取錢財。若他需要法律有任何變動，幫他把伏特加賣給公民，那麼政府就會幫他修法。任何想推動戒酒或只想夜晚安靜的改良主義派都被逮補。一名英國旅人如此描述伊凡的新系統運作情況：

> 在他領土上的每個大城市都有卡巴克酒館，販售生命之水（他們稱為俄羅斯酒）、蜂蜜酒、啤酒等等。他從酒館中得到的租金非常龐大。有些每年為他賺八百、有些九百、有些一千，甚至兩、三千盧布。他除了以卑劣與不名譽的手段壯大國庫之外，也造成許多可怕的錯誤。貧窮勞工與工匠在此留連忘返，拋家棄子。有些人在卡巴克花了二

十、三十、四十或更多盧布，完全耽溺於狂飲，把錢花得一乾二淨。這些人還會說，是為了榮耀大公或皇帝。許多人喝到衣服都當掉，赤裸裸地離開，這種人稱為「納格」（naga）。沒有任何辦法要他們遠離卡巴克，因為會妨礙皇帝收入。

國家仰賴酒的收入，表示國家必須仰賴國民酗酒。大部分國家或多或少會限制國民過度飲酒的情況，擔心犯罪、暴動、肝硬化與健康損害；但在俄羅斯人眼中，這都沒有國家收入來得重要。這讓我們回來談談一九一四年，尼古拉二世在清醒與收入之間的抉擇。他打破四百年來的傳統，拖垮了仰賴伏特加的君主政權。

伏特加隨處可見，並非偶然[56]。伏特加總是比不那麼烈的酒類受歡迎。俄羅斯的飲酒歷史是倫敦琴酒熱潮的相反情況：統治階級最害怕的，莫過於人民可能清醒。在俄羅斯歷史上，只有兩次認真的戒酒運動：戈巴契夫與尼古拉二世。

當然這些都已改觀，現在掌控俄羅斯的是快樂又清醒，而且溫和、照顧人民的

56 伏特加在十五世紀引進俄羅斯。雖然有許多美麗的故事，但蒸餾酒可能是由窩瓦河（Volga）的熱內亞商人引進，之後你就知道這種烈酒的故事：原本當成藥物的酒，變成眾人熱中與享樂之物。

政府。俄羅斯人平均每天只喝半瓶伏特加，而在二〇一〇年，俄羅斯財政部長阿列克謝・庫德林（Aleksei Kudrin）宣布，解決公共財政的最佳方式，就是多抽點菸、多喝點酒。「那些喝酒的人，」他說，「更能幫助解決社會問題，例如增加人口、發展其他社會服務，以及支撐出生率。」

PROHIBITION

第十八章

禁酒令：美式的愚蠢

美國禁酒令的效果超級好，千萬別聽人說實情並非如此。美國憲法第十八修正案在生效十三年後，於一九三三年廢除。當時此修正案的支持者認為，這條修正案效果甚佳，成績斐然。

前述評語可說相當怪異，畢竟一般認為，第十八修正案是史上最愚蠢的法律，但這是因為當時整個年代謠言滿天飛，致使一般有知識的人對事情的前因後果有諸多誤解。一般對於美國禁酒令的誤解是這樣：

一、禁酒令是一九二〇年由一小群保守的吝嗇鬼推動，他們不喜歡酒。沒有其他人喜歡禁酒令。

二、全美國人馬上湧向紐約的地下酒館，飲酒量是以前的兩倍，並發明了爵士樂。

三、這造成了前所未見的後果，讓美國淪入艾爾・卡彭（Al Capone，於禁酒令時期崛起的知名黑幫老大）的掌控，他會用湯普森衝鋒槍幹掉每個人。

四、終於在一九三三年，大家發現禁酒令愚不可及，因此廢除。

五、這就是美國蠢行的經典範例。

這些都不是真的，只有關於爵士的部分例外——這是禁酒令出乎意料的副作用，還有義大利料理與英國客輪興起。不過，這些稍後再談，先逐項破解迷思。

誰想推動禁酒令？

禁酒令並非保守之舉，反而有女性主義的色彩。禁酒令也是進步的，就像字面意

PROHIBITION

義，要幫助國家走向改革，得到過去未曾有過的清醒。這也和中西部有關。最後一項最出人意料：禁酒運動並非對抗酒類。

禁酒令要對抗的是舊西部酒館。

很久很久以前，在很遠很遠的地方（見第十六章），我提到良家婦女不會出現在舊西部酒館。這就出現了問題：她們在哪裡？答案是，她們把自己關在家中的牢籠，一貧如洗，擔心受怕。西部給人的普遍感覺，就是丈夫賺了錢便去酒館花天酒地，把所有賺來的錢花個精光、一毛不剩回到家，非常憤怒，於是打老婆洩憤。老婆渾身是傷，活在貧困中，因為錢都被酒館賺走了。

沒有人確知這說法的正確度有多高。家暴是很難在發生時找到數據的罪行。究竟有多少比例的小木屋出了事以及確切的情況，恐怕不得而知。不過這情況一定發生過，甚至相當多。但這裡要說的是，最重要的，當時的人相信情況就是如此。有些戲劇與小說就是在談論這現象。《酒館十夜之見聞》（*Ten Nights in a Bar-Room and What I Saw There*）是暢銷度僅次於《湯姆叔叔的小屋》（*Uncle Tom's Cabin*）的美國小說，而這兩本著作間接促成憲法修正案。作品中把酒館描述成邪惡的引誘者，誘惑男人進入，迫使他們踏上酗酒、暴力、貧困與死亡的不歸路，偶爾穿插一個金髮女兒，懇求父親回家。但他辦不到，因為他已上癮了。在《酒館十夜之見聞》中，連飲酒人都渴望實施禁酒令。

結果是，美國女性的政治大覺醒。當時女性無法走入酒館或投票亭，因此她們在酒館外的街頭抗議。她們會聚集起來，跪下祈禱。從來沒人看過這樣的情況。

一八七三年，她們組成基督教聯合婦女禁酒會（Women's Christian Temperance Union），一八九〇年代由反酒館聯盟（Anti-Saloon League）取代，致力於推動禁酒令。這兩個組織的名稱都能看出其目的，但還有更為細膩的一點。雖然從修辭上很難切分得一清二楚，但他們反對的不是喝酒，而是男人在舊西部酒館的行為模式。他們絕對不在乎紐約小說家是否在星期天午餐時喝杯波爾多紅酒——根本完全沒想過；他們反對的是舊西部酒館，因為這地方是導致家暴與家庭貧窮的始作俑者。

值得注意的是，反酒館聯盟從未要求成員個人禁酒。這些成員當然許多是滴酒不沾的，他們提供為數可觀的演講與小冊子，說明酒的禍害，但這組織從未明白指出酒是所有的酒，或是在酒館飲用的酒。對許多人來說是後者。在接下來的戰爭中，分成三組人馬。禁酒者是滴酒不沾的人，希望能推動禁酒令；反禁酒者是反對禁酒令的人；飲酒的禁酒者則是認為其他人不該喝酒，這群人是很龐大的投票部隊。我們之後會看到，他們的立場並不如乍聽下那麼怪異。

反酒館聯盟還有其他人——常見成員包括福音派的人、怪人與利益團體，不過禁酒運動主要是女性主義的、進步的、中西部的。

接下來的問題就是，何時發生。要說明禁酒令的日期很簡單明瞭，在網路時代尤其容易。禁酒令從一九二〇年一月十六日生效，一九三三年十二月五日終止。只不過實際上沒那麼單純。

在此之前，不少州已有禁酒法律，甚至已實施超過半個世紀。緬因州率先在一八五一年頒布禁酒令，後來發現窒礙難行，幾年後就自行廢除。但隨著十九世紀過去，新世紀到來，一州接著一州禁絕這種好東西，過程聽起來像是淪陷名單：堪薩斯州，一八八〇年；愛荷華州，一八八二年。但這些地方禁酒不太有效，因為酒很容易跨州走私，且兩地的禁酒令都不適當。到了一九一三年，大部分的美國人都活在某一州的禁酒令下。女人贏了，德國人輸了。

禁酒令的背後推手是中西部主婦，對抗者則是德國人，啤酒釀造廠都是他們開的。就像多數的移民族群，德國人沒有禁酒或戒酒的傳統，但是他們有釀造好喝冰啤酒的傳統，還賺進了大筆鈔票，可以做拉格啤酒，刊登對抗禁酒者的廣告。這些廣告把啤酒描述成有益健康的德國飲品，和威士忌不同，是快樂的德國農人飲用，而且依德國古法釀造。大家都喜歡德國人。

之後，第一次世界大戰爆發。美國人一如往昔，對參戰的反應有點慢，但在一九一七年，他們發現原來自己也屬於這個世界，注意到需要保留穀類補給。為了保存玉米，於是禁了烈酒蒸餾。

原本贊成飲酒的運動此時面臨可怕的立場。在大部分地區，各式各樣的酒都在禁酒令的限制範圍。反對禁令的運動會被當成是向敵國靠攏。而恐怖中的恐怖、災難中的災難是：女人要有投票權了。

禁酒者向來是很有效率的投票者，他們只關心單一議題。這表示，在選情緊繃時，候選人只要宣稱自己要禁酒，就能得到關鍵族群的票。這導致一大票愛喝酒的政客，公開宣稱自己贊成禁酒令。等到女性拿到投票權，一切就完了。多數美國婦女、許多美國男人、反酒館聯盟及想保住工作的每一名參議員，都對美國憲法第十八修正案投下贊成票，根本不了解修正案的含義。

美國憲法第十八修正案和禁酒令劃上了等號，是唯一縮減自由的修正案，也是唯一遭到廢止的修正案，但其實裡頭沒提到要禁止什麼。它只指出「醉人」的飲品非法，沒有指出到底是什麼。

啤酒釀造者必然對修正案鬆了一口氣，葡萄酒釀造者也是。飲酒的禁酒者亦是如此。大家都知道禁酒令和酒無關，而是和喝醉、舊西部酒館與暴力有關，因此說的是威士忌呀。健康快樂的啤酒不會醉人的，濃烈葡萄酒與烈酒才是問題。但禁酒令其實包含兩個部分：一是憲法修正案，之後又有沃爾斯泰德法（Volstead Act），界定憲法修正案的確切意義。這法案中定義的「醉人」，是酒精濃度超過〇・五％。

這實在令人跌破眼鏡，尤其是喝酒的禁酒者。問題是反酒館聯盟和多數壓力團體一樣，由最極端的成員所把持。他們起草了這法案，交給共和黨眾議員安德魯・沃爾斯泰德（Andrew Volstead，一八六〇～一九四七），他交給國會，而國會幾乎照單全收，通過此案。

禁令

這禁令算有一半的效用。禁酒時期最大的迷思在於，酒的消耗量其實是增加的。這是無稽之談。合法酒類飲用的紀錄在一九二〇年終止，一九三三年才重新展開，那時酒的飲用量剛好低了一半以上。

酒的飲用量在某些地方確實是增加的，紐約就是明顯的例子。但這裡也是禁酒令的迷思與史實背道而馳之處。我們總是聽說大城市禁酒時期的情況，因為這是故事中精采刺激的一面。大家都躲在地下酒館寫小說；或是在情人節大屠殺[57]；法蘭西斯・史考特・費茲傑羅（F. Scott Fitzgerald，美國小說家）在寫東西，喬治・蓋希文（George Gershwin，美國作曲家）在角落彈鋼琴。

但在懷俄明鄉下可不是如此。幫派分子發現，這裡人口密度低，運送量與人力資源都不足，後勤簡直是夢魘。美國中西部小鎮是禁酒令的發源地，這裡的酒館紛紛關閉，令當初提倡禁酒者歡欣鼓舞。

在小鎮上，沒有足夠的暗巷可以躲警察或成立地下酒館。但酒確實還是可以送過

PROHIBITION

去。居民在荒郊野外裝設釀酒器，而走私者偶爾送酒過來（未必是好東西；威奇托〔Wichita〕曾發生過一次事件，一批可疑的酒在一天內導致五百人永遠失能）。但基本上，酒館都關了，原本的行為模式也被打破。簡言之，這是原以刺激聞名的舊西部變得無趣的轉捩點。

沒能遇見的後果

在城市中，禁酒令的效果就很不一樣了，但禁酒令還算有效。我就從善如流吧。

禁酒令最明確的缺點是組織犯罪。許多人認為，組織犯罪無疑是十八修正案促成的，但大抵上這是言之過甚。卡彭殺人如麻，芝加哥謀殺率變成每十萬人中，就有十．四具的屍體上有子彈，到了二〇一六年是二十七．九。湯普森衝鋒槍的威力在大眾心目中太誇大了。更嚴重的是貪腐。警方經費嚴重不足，於是開始收賄：即使禁酒令早

57 指一九二九年二月十四日芝加哥的謀殺案，多名幫派分子遭槍殺，據說是卡彭為了販賣私酒利益而在幕後策畫。

已撤銷，但收賄習慣難以根除。在波士頓，警察總局所在的街區就有四間地下酒館。事實上，守法的概念會遭到批評，於是有個新的字眼發明了：「藐視法令者」（scofflaw）就是嘲笑法令、流連地下酒館的人。

現在該說明地下酒館究竟是什麼模樣，但我恐怕無法一言以蔽之，因為地下酒館五花八門。我們可能從電影裡得到根深蒂固的觀念，認為地下酒館的門上有監視孔，還有爵士樂隊。但地下酒館通常只是某人的公寓，例如義大利人擁有許多分租公寓，他們可能會開放其中一個房間，賣起奇昂蒂葡萄酒與義大利麵。飲食歷史學家說，義式餐廳就是這期間在美國起飛。人們原本是去喝酒，離開時卻愛上義大利麵。

黑人區若是喝得到酒，也會吸引民眾前往。紐約的一家大型黑人報紙上有位專欄作家說：「夜總會在這十年間對種族關係的改善，甚至勝過白人與黑人教會的百年成果。」地下酒館的特點在於，這是全新發明的飲酒方式，沒有任何規則。舊西部酒館是建立起一個世紀的傳統，要有銅杆，女性不能涉足；地下酒館想怎樣就怎樣。

或許這就是禁酒令最令人驚訝的一點：女性會去地下酒館，不受任何規矩或習俗阻礙。如果禁酒令的目標是阻止人喝酒，那麼效果是一場糊塗；但如果把禁酒令的功用視為打破暴力的舊西部酒館男性世界，則可說成果輝煌。舊西部酒館是「響尾蛇不肯認母親」的地方。紐約的一間私人酒館則立起告示牌，上面寫著：「穿過這道門，世界上最美的女孩也會醉醺醺。」高檔的私人酒館甚至有化妝室。女人全面大勝，有投票權，還可喝雞尾酒。

雞尾酒在當時很普遍，而且千變萬化。正如十八世紀的倫敦，最容易非法製造的酒就是自釀琴酒。這是品質低劣的東西，通常以偷來的工業酒精製造，很多人喝了之後出現嚴重的健康問題。但比健康問題更糟糕的是味道。先前提過，雞尾酒在美國已經存在一段時間，但現在特色已不同，會加入其他東西來掩蓋滋味。蘇打水不是用來調酒的好飲料，但通寧水可掩蓋劣質琴酒的刺激味。威士忌（或被認為是威士忌的東西）會搭配薑汁汽水，把味道完全蓋過去。可口可樂的銷售之所以一飛沖天，並不是因為可以當作酒的替代品，而是一種調味品。

禁酒令最大、最深遠的影響，就是摧毀了美國製酒產業。釀造優質葡萄酒、威士忌、啤酒等製酒事業相當複雜，需要有專業能力的人，使用特殊設備。美國在這十三年沒有合法的啤酒釀造廠或蒸餾廠，只有地痞流氓在浴缸裡混合劣酒，而原本真正、專業、講究技術的複雜製酒產業從業者全丟了飯碗。他們只好離開這國家或改行，不然沒有工作可做。就算他們想幫黑道工作，黑道也沒有製酒設備或原料供應。你不能找個蒸餾大師，給他一些偷來的工業酒精和酒窖，就期望他釀造出有完美風味與調性的優質麥芽威士忌。成熟的產業已經消滅殆盡。如果你看到某個美國酒公司的廣告說，他們一百五十年來製酒法從沒改變，那就是唬人的[58]。十三年的斷層使得所有的舊設備都壞了，知道釀酒古法的人早已搬家，或另謀高就。

伴隨而來的，就是品味衰退。住在邊境或港口的部分人士，可能還喝得到像樣的進口品牌酒。等到一九三三年禁酒令廢除時，多數人已十三年沒喝到像樣的酒，根本記不得怎樣算得上啤酒的好滋味。這倒是方便，反正啤酒釀造者也忘了如何釀造。在接下來的半個世紀，美國以釀造難喝啤酒、爛葡萄酒、糟糕裸麥威士忌馳名於世。這是美國憲法第十八修正案最大、最醜惡的後果。

禁酒令最後一項奇怪的後果，是英國獨占跨洋客輪的事業，因為船上會販售酒類[59]。

禁酒令為何畫下句點

禁酒令畫下句點並非因為人民想喝酒，而是因為人民想要工作。一九二九年的經濟大蕭條重創美國經濟，無法再有餘裕去禁絕可僱用大量飢餓人口的事業（包括客船海運）。無論如何，禁酒令已經達成目標，舊西部酒館已成絕響。

喬治．艾德（George Ade，來自印第安納州的作家與芝加哥報紙專欄作家）是芝加哥居民，也是澈底擁護飲酒的人，曾在一九三一年撰寫《舊西部酒館：不禁酒、不擁酒，只是歷史》（*The Old Time Saloon: Not Wet-Not Dry, Just History*）。當時他指出：

超過半數的州在二十五年前，透過立法來禁酒。在戰爭時期，公共飲酒場所都受到限制；十一年前，政府消滅地圖上所有舊西部酒館的措施生效。停下來算算看。即使如

58 怪的是，田納西州林奇堡（Lynchburg）的傑克丹尼爾（Jack Daniel's）蒸餾廠位在穆爾郡（Moore county），而這裡仍是禁酒的。

59 美國曾有短暫時間阻擋船上有酒的英國船在美國靠岸，令英國國會很惱火，考慮禁止沒有酒的美國船在英國靠岸。

今被視為是反禁酒令的大本營城市中，也沒有任何三十二歲以下的人見過舊西部酒館裡頭的模樣。

艾德當然贊同飲酒，他承認西部酒館基本上很糟糕。雖然他希望廢除禁酒令，卻也承認酒館不可能起死回生，因為舊西部酒館基本上是男性的、惡意的、喝威士忌喝到爛醉的。

舊西部酒館確實沒有復活。廢除禁酒令使地下酒館合法，讓想供應葡萄酒的餐廳合法；也幫助郵輪產業，卻仍無法讓舊西部酒館死灰復燃。禁酒令發揮了效用。

當然在一九一九年，有些人就是反對酒本身，也有人在禁酒令廢止後感到失望。但他們是少數。光是禁酒派無法迫使結構改變。禁酒令的起源來自一種特殊飲酒場合的行為模式（因此才會有飲酒的禁酒派），而那種行為模式已被摧毀。假使你想把禁酒令視為一種對抗酒的運動（其實不是），它確實也使得美國人的飲酒量減少一半。美國人均飲酒量一直要到一九七〇年代，才回到禁酒令之前的水準。一九三九年，有四十二%的美國人根本不喝酒。

最後，禁酒令並非結束於一九三三年。許多州依然禁酒，直到一九六六年，密西西比州也廢止禁酒令，才算真正廢除。還有人指出，其實禁酒令仍是現在進行式，因為有些郡仍在禁酒。

美國？

所有不是美國人的人都同意，美國人很笨。就這點來說，不少美國人也同意，美國特別笨，就像在家族婚禮中令人尷尬的表兄。美式愚蠢特別有名，也很特殊。他們正因為有這種特殊的愚蠢，因此會把人放到月球上，之後又把他帶回來。這愚蠢產生了史上三分之一的諾貝爾獎得主。就是這種愚蠢，讓美國成為全球在經濟、軍事、文化、政治最富有強盛的國家。美式愚蠢經常很莫名其妙，看似有智慧，但又不是這麼回事。原因在於，如果美國人若非長期以來都非常蠢，蠢到天邊，那麼世界上像我們這樣的其他人，就沒有什麼好自鳴得意的。

但我們還是把討論範圍限定一下：禁酒令及其概念本身，是否為美國人格外愚蠢的例子。如果讀者仔細閱讀本書，就會發現前一章已有答案。俄羅斯伏特加禁令與美國禁酒令有五年的重疊期。在冰島，完整的禁酒令頒布於一九一九年；一九三五年葡萄酒與烈酒合法化，啤酒一九八九年合法化。芬蘭在一九一九到三二年有禁酒令。挪威在一九一七與二七年之間禁止烈酒。紐西蘭在一九一九年針對禁酒進行公投，而禁酒派獲勝，後來是靠著海外軍人的投票才逆轉，不過票數相當接近。

順帶一提，據稱是美國禁酒令衍生而來的事物，其實也是謠言。爵士樂雖然是美國的發明，但是在其他沒有地下酒館的國家（例如英國）也流行。喝雞尾酒的飛來波女郎[60]在倫敦與紐約一樣多。作家伊夫林・沃（Evelyn Waugh，電影《慾望莊園》〔Brideshead Revisited〕即是改編自他的同名小說）小說裡的飲酒場景和費茲傑羅的一樣多。

事實上，伊夫林的哥哥亞歷克・沃（Alec Waugh，英國小說家）聲稱自己發明了雞尾酒派對。他說，一九二〇年代初期的英國，「在冬夜的五點半與七點半晚上之間沒事可幹。」於是邀請三十個人，在五點半左右來喝茶，而在五點四十五分，他拿出黛綺麗（daiquiris，以蘭姆酒為基酒的雞尾酒）。因此雞尾酒是某一天，由一個倫敦男子發明的。

但或許不是。設法尋找某一項風俗或雞尾酒的確切起源，是傻子才幹的差事。歷史大多時候是在一片雲霧中，而酒醉的歷史永遠也沒有清楚的記載。

伊夫林對哥哥的話倒是有正確的反應：「他眼睛睜大，翻了白眼說：『我讓這誇口之語印出來之前，應該小心一點才對。』」

60 Flappers，指一九二〇年代西方摩登女子，她們會透過服裝與行為來表達對舊社會習俗的輕蔑。

後記

在《動物農莊》（*Animal Farm*），動物群起造反，因為農夫瓊斯先生是個酒鬼。在故事的最後，牠們窺看窗戶裡，發現豬正在喝啤酒。這時牠們明白，原來豬也變成了人類。

同樣的故事也出現在四千年前的《吉爾伽美什史詩》。恩奇都是個野蠻人，和動物一起生活、飲食和喝水。之後女祭司伊絲塔（Ishtar）給了他啤酒，於是動物知道他不再是牠們的一夥。非洲西部有個故事，訴說造物之神教女人如何煮粥與釀啤酒，而她們照辦之後，毛皮與尾巴就掉了，於是我們成了人類。

無論在何時何地，人類只要活著，就會聚在一起喝醉。在清醒時獨自體驗到的世界從來就不足夠。藥物固然有千千百百種，但酒總是存在。

偶爾，人們會談到「對毒品宣戰」，這其實很蠢。毒品是個常數，而戰爭只會發生在毒品與毒品之間，贏家向來是酒。如果政府真想禁絕海洛因、古柯鹼等諸如此類的東西，其實可以輕鬆達到目的：只要取消酒稅即可。我們是很單純的物種，我們對酒的選擇，基本上是依照價格與可得性。

但什麼是喝醉？人類這種不曾熄滅的抱負是什麼？在這恆常中，不變的因素實在太稀少，倒是有些角色一再出現。許多強人可千杯不醉，例如蘇格拉底與孔子，史達林在某種程度上也是如此；相反地，有些強人隨時都在喝醉的狀態，例如彼得大帝、奧丁、巴布爾及亞歷山大大帝，他們在朦朧間征服了世界。

飲酒是一種過渡，喝酒是為了從一種狀態轉變到另一種。我們喝酒代表下班，或是一週的工作結束。衣索比亞的蘇里族則用喝酒代表即將展開一天的工作。他們說：「沒喝啤酒，就不工作。」我們在洗禮喝酒、在婚禮喝酒、在生日喝酒、在葬禮喝酒。每回喝酒都有意義，代表舊狀態結束，還站不太穩的新世界已在眼前。肯亞的伊特索族（Iteso）會為小寶寶進行可愛的儀式。幫小寶寶選了名字後，祖母會在手指上沾點啤酒，放到寶寶口中。如果寶寶吸吮了，就代表這名字可以永遠使用。

飲酒也是逃避。麥酒館、舊西部酒館或卡巴克都是人類學家說「第三場所」。但在某些文化中卻沒有這些場所，例如阿拉伯、波斯或中世紀英國。為什麼我們不在家裡喝酒？為什麼舊西部酒館的銅杆或是英式酒館的吃角子老虎，會成為解放的有力象徵？我們在逃避什麼？

我想答案在於，我們根本不知道。自從人類從樹上下來（以及對酒精起作用的第四類重組醇脫氫酶發生有用的突變），我們自問兩個問題：「只有這樣嗎？」與「我必須這樣嗎？」任何社會都是龐大的規則體系，無論這些規則有多好、多合理、多正義、多能促成安全與福利，我們必須偶爾逃離。人類有創造規則與打破規則的強迫性。這讓人類顯得既愚蠢又美妙。

「只有這樣嗎？」的答案，也同樣在酒醉中可以找到。「只有這樣嗎？」或許如此吧。但就算給我們更多，我們還是會問相同的問題。人類從不滿足，這是值得驕傲之處。我們總是尋找新的海洋去跨越，不是因為必須，而是我們覺得無聊。我們喜歡談論終極真理（Ultimate Truth），但要是真找到了，卻會感到失落，因為就沒有更多值得追尋的事物了。我們渴望自己無法描述的神；身為人類，對神的描述頂多是祂像技巧特別高明的魔術師，然而我們知道神不僅僅是如此。神永遠不會讓人覺得**無聊**。人類在喝醉時永遠不會覺得無聊。

威廉・詹姆斯（William James）說的最好：「清醒會縮小內斂、與人區別、說不；酒醉會擴大開放、與人整合、說好。」醉是一堆矛盾，對一切說好。有時酒醉會引發暴力，有時則帶來和平。酒醉讓我們唱歌、讓我們沉睡。希臘人認為酒醉可測試自我控制，北歐人認為酒醉是詩歌的來源，有好也有壞。這是國王的樂趣，也是衰敗的原因。這是窮人的慰藉，也是貧窮的起因；對政府來說，是騷動的起源，也是稅收的來源。酒醉可證明男子氣概，也可讓人失去男子氣概；可以誘惑，可以讓主婦放縱。酒醉是瘟疫、是殺手，也是神的贈禮；是修士的必需品，也是救世主的血。酒醉可以經驗到神，而酒醉也是神。

正因如此，酒醉隨時存在。最近美國航太總署發布一項內部報告，承認至少有兩架發射的太空梭裡，所有的太空人都喝到爛醉，樂得飄飄然。這並不奇怪。人們在工作時喝到爛醉已有數千年的歷史，而老實說，要是我會被以音速好幾倍的速度，發射到無盡的虛空中，也會想來一杯烈酒安神。

這是我們的過去，相信也是我們的未來。在遙遠的未來，等到黑猩猩統治啤酒廠、大象占據蒸餾廠，所有酒館都充滿單相思的果蠅時，人類物種會喝下最後的一杯，跌跌撞撞進入太空梭，離開這小小的岩石地球。那會是一趟了不起的旅程。當我們衝破大氣層，離開古老的地球時，神祇會為我們喝采：寧卡西、哈托爾、戴歐尼修斯、巴克斯、索爾、四百兔眾神、日內瓦夫人。勞賽爾的維納斯會吹起號角，這次會吹對方向。我們會醉醺醺地航向無垠。

我知道我們會前往何方：人馬座B2星雲。那是兩萬六千光年外的星雲，當初踏上旅程的人根本無法完成。但是它有一百五十光年寬，質量是太陽的三百萬倍：那龐大得難以想像的雲，是自然發生、以酒精構成的空間。我們終於在那空無的幽冥宇宙中，喝個爛醉——因為我們是人類。

謝詞

若少了許多人花時間與我見面，或是回答我的問題，這本書就無法問世。感謝派翠克・麥高文教授（Patrick McGovern）、保羅・斯特羅姆教授（Paul Strohm）、茱蒂絲・傑施教授（Judith Jesch）、約翰・達內爾教授（John C. Darnell）、貝西・布萊恩教授（Betsy Bryan）、羅蘭・麥爾教授（Roland Mayer，感謝他對於羅馬人嘔吐的注解）、蘭斯・艾爾瑞德博士（Lance B. Allred）、瑪莎・卡林教授（Martha Carlin）、法拉梅茲・達伯霍瓦拉教授（Faramerz Dabhoiwala）、大衛・朗弗（David Langford）、山姆・吉爾伯博士（Sam Gilbert）、湯姆・歐希亞（Tom O'Shea）、以恩・厄文（Ian Irvine）、艾蓮娜・庫克（Elena Cook）、希拉蕊・史考特（Hilary Scott）、德瑞克・羅賓森（Derek Robinson）與史蒂芬・萊恩（Stephen Ryan）。本書中融入的事實都得歸功於他們，而任何錯誤、謬論、前後矛盾與過度的結論，則得歸咎於我。

此外，感謝我的父母約翰・高德史密（John Goldsmith）與珍・席波（Jane Seeber）閱讀本書草稿，並給予關於牛津逗點的有用建議。

喝個爛醉，因為我們是人類：
從科學文明、宗教風土到帝國興衰，看古埃及、中世紀和現代人如何喝出酩酊大醉的世界史

A short History of Drunkenness: how, why, where and when humankind has got merry from the stone age to the present

作　　者　馬克・福賽斯（Mark Forsyth）
譯　　者　呂奕欣
副 社 長　陳瀅如
總 編 輯　戴偉傑
特約主編　周小仙
行銷企畫　陳雅文・尹子麟・洪啟軒・姚立儷
封面設計　兒日設計
內頁排版　極翔企業有限公司
出　　版　木馬文化事業股份有限公司
發　　行　遠足文化事業股份有限公司（讀書共和國出版集團）
地　　址　231新北市新店區民權路108之4號8樓
電　　話　02-2218-1417　　傳　　真　02-2218-0727
Email　service@bookrep.com.tw
郵撥帳號　19588272 木馬文化事業股份有限公司
客服專線　0800221029
法律顧問　華洋法律事務所　蘇文生律師
印　　刷　前進彩藝有限公司
初　　版　2020年2月
初版七刷　2024年7月
定　　價　360元
ISBN 978-986-359-748-3

有著作權，侵害必究
歡迎團體訂購，另有優惠，請洽業務部02-22181417分機1124、1135

特別聲明：有關本書中的言論內容，不代表本公司/出版集團之立場與意見，文責由作者自行承擔。

Original English language edition first published by Penguin Books Ltd, London
through Andrew Nurnberg Associates International Ltd.
Text Copyright © Mark Forsyth 2017
The author has asserted his moral rights
Traditional Chinese edition copyright:
2020 ECUS PUBLISHING HOUSE
All rights reserved.

國家圖書館出版品預行編目(CIP)資料

喝個爛醉，因為我們是人類 / 馬克・福賽斯著. -- 初版. -- 新北市 : 木馬文化出版 : 遠足文化發行, 2020.02
272面；14.8 × 21公分
譯自：A short history of drunkenness : how, why, where, and when humankind has gotten merry from the stone age to the present

ISBN 978-986-359-748-3 (平裝). --
1.酒 2.酒精飲料 3.飲食風俗 4.歷史

538.74　　108019184